DIEGO GÓMEZ-COSTA

EL PUEBLO JUDÍO
LEGADO Y NEXO CON JUDEA

UNA HISTORIA MILENARIA

la Hueca
editorial

© Diego Gómez-Costa

© Editorial La Rueca

www.editoriallarueca.com

Primera edición: julio 2025

ISBN: 979-13-87525-41-5

Depósito Legal: M-15771-2025

Impreso en Madrid - España - UNIÓN EUROPEA

ÍNDICE

PRÓLOGO

El prólogo de este libro establece el propósito del mismo: explorar la conexión histórica y espiritual del pueblo judío con Judea, basándose en fuentes primarias y evidencias arqueológicas. He tomado en cuenta mucha información que como autor he ido recabando de las siguientes fuentes:

Contexto Histórico Global: Conexión de los Pueblos con sus Tierras Ancestrales

La conexión del pueblo judío con Judea puede compararse con otros vínculos profundamente arraigados entre pueblos y sus tierras ancestrales:

Armenios y el Monte Ararat: Aunque actualmente se encuentra en Turquía, el Monte Ararat es un símbolo nacional para los armenios. Es considerado el lugar donde, según la tradición bíblica, el Arca de Noé se posó tras el diluvio. Aparece en la iconografía nacional y es visible desde Ereván, la capital de Armenia, a pesar de estar fuera de sus fronteras actuales.

Griegos y Atenas: Atenas no solo es la capital de Grecia, sino también el corazón cultural e histórico de la civilización helénica. Es el lugar de nacimiento de la democracia, la filosofía occidental y el arte clásico. La conexión de los griegos con Atenas es tan profunda como la de los judíos con Jerusalén, ambas ciudades siendo epicentros de identidad nacional y espiritual.

Estas comparaciones subrayan que el vínculo entre un pueblo y su tierra ancestral no depende únicamente de la soberanía política, sino de una continuidad cultural, espiritual y simbólica.

Evidencia Arqueológica: Sello de Baruc e Inscripción de Tel Dan

Sello de Baruc (siglo VI a.C.): Descubierto en Jerusalén, este sello de arcilla lleva la inscripción "(perteneciente) a Berekyahu hijo de Nerías el escriba", identificado con Baruc, el escriba del profeta Jeremías (Jeremías 36:4). Este hallazgo confirma la existencia de personajes bíblicos y prácticas administrativas en el reino de Judá.

Inscripción de Tel Dan (siglo IX a.C.): Hallada en el norte de Israel, esta estela aramea menciona la "Casa de David", siendo la primera evidencia arqueológica extrabíblica que confirma la existencia de una dinastía davídica. Fue descubierta en 1993 y es considerada un hito en la arqueología bíblica.

Estos hallazgos refuerzan la historicidad de los relatos bíblicos y la presencia judía en Judea desde tiempos antiguos.

Perspectiva Interreligiosa: Reconocimiento en el cristianismo y el islam

Cristianismo (Nuevo Testamento): El vínculo del pueblo judío con Judea es central en los Evangelios. Jesús de Nazaret es presentado como descendiente de David, nacido en Belén (Judea) y activo en Jerusalén. El Templo, el Monte de los Olivos y otras ubicaciones en Judea son escenarios clave de su vida y ministerio.

Islam (Corán, Sura 5:21): En este sura, Moisés dice a su pueblo: "¡Oh pueblo mío! Entrad en la Tierra Santa que Dios os ha asignado". Muchos exégetas musulmanes han interpretado esta "tierra santa" como la región de Canaán, que incluye Judea. Aunque el islam reconoce a Jerusalén como sagrada, también reconoce la conexión histórica de los profetas hebreos con esa tierra.

Ambas religiones reconocen la centralidad de Judea en la historia espiritual del pueblo judío.

Polémicas Actuales: Shlomo Sand y el Debate sobre la Identidad Judía

El historiador israelí Shlomo Sand generó controversia con su libro La invención del pueblo judío, donde argumenta que la identidad judía como "pueblo" fue una construcción moderna, y que muchos judíos actuales no descienden de los antiguos israelitas, sino de pueblos convertidos al judaísmo.

Críticos como Benny Morris, Anita Shapira y Hillel Halkin han refutado sus tesis, señalando que:

La continuidad cultural, lingüística y religiosa del judaísmo es evidente a lo largo de los siglos.

La arqueología y la genética muestran vínculos entre comunidades judías y el Levante.

Su enfoque minimiza la evidencia histórica y arqueológica que respalda la narrativa tradicional.

Este debate refleja tensiones entre historia, identidad y política, pero no ha invalidado la abrumadora evidencia de la conexión judía con Judea.

Testimonios Personales: Sefardíes y Mizrajíes en la Diáspora

Durante siglos, comunidades judías sefardíes (de origen ibérico) y mizrajíes (de Medio Oriente y el norte de África) mantuvieron vivas tradiciones vinculadas a Judea:

Sefardíes: En ciudades como Salónica, Estambul o Fez, los sefardíes oraban por el retorno a Sion, mantenían el hebreo litúrgico y celebraban festividades centradas en Jerusalén. Muchos conservaban genealogías que los conectaban con familias de Judea antes de la expulsión de 1492.

Mizrajíes: En Bagdad, Alepo o Yemen, los judíos mizrajíes preservaron costumbres milenarias, como el estudio del Talmud babilónico y la veneración de figuras como el profeta Elías. A pesar de vivir bajo dominio islámico, su identidad estaba profundamente ligada a la Tierra de Israel.

Estos testimonios muestran que, incluso en el exilio, la memoria de Judea nunca se extinguió.

Este escrito no busca desde el principio ningún afán político ni estar defendiendo situaciones que en la actualidad se están viendo y que no es cuestión de parcializar, sino reflejar en un compendio histórico, basado en el devenir de los años y hechos sucedidos a los largos de 3 milenios, por lo menos, en la tierra de Judea.

Este libro busca explorar la profunda y arraigada conexión del pueblo judío con la tierra de Judea, una región que ha sido el corazón de su identidad nacional, religiosa y cultural durante más de tres milenios. Desde los tiempos bíblicos hasta la actualidad, Judea no ha sido simplemente un territorio geográfico, sino el escenario sagrado donde se forjó la fe, las tradiciones y la memoria colectiva de un pueblo que ha resistido conquistas, exilios y dispersiones, sin perder nunca su vínculo espiritual y físico con esta tierra.

En un mundo donde la narrativa histórica a menudo se distorsiona con fines políticos, es esencial regresar a las fuentes primarias: la Biblia hebrea, con sus relatos fundacionales; los registros asirios que mencionan a los reyes de Israel y Judá; los textos babilónicos que documentan el exilio; los decretos persas que permitieron el retorno a Sión; las crónicas griegas y romanas que describen la resistencia judía por preservar su identidad; y, por supuesto, los incontables hallazgos arqueológicos que confirman la existencia de un reino judío en Judea siglos antes del surgimiento de otras culturas en la región.

Este libro no solo es un viaje por la historia antigua, sino también una reivindicación de la verdad frente a los intentos de negar los derechos históricos del pueblo judío sobre su tierra ancestral. En las últimas décadas, se ha propagado una narrativa que busca desconectar al judaísmo de Judea, presentándolo como una religión desarraigada o una identidad ajena a esta tierra. Sin embargo, la historia, la arqueología y la documentación internacional –desde la época del Imperio Otomano hasta el Mandato Británico– reconocen a Judea y Samaria como el núcleo histórico de la nación judía.

Más allá del debate político, este trabajo es una invitación a reflexionar sobre la importancia de la memoria histórica. Negar el lazo entre el pueblo judío y Judea no solo es un error académico, sino un acto de injusticia contra una nación que ha mantenido su conexión con esta tierra a través de la oración, la literatura, la liturgia y el anhelo de retorno durante dos mil años de diáspora.

Que estas páginas sirvan como testimonio de una verdad que trasciende ideologías: Judea es, y siempre será, la tierra eterna del pueblo judío.

INTRODUCCIÓN

Judea no es simplemente un territorio en el mapa; es el corazón espiritual, histórico y simbólico del pueblo judío. Desde los relatos fundacionales de la Torá hasta las plegarias contemporáneas, esta región ha sido el eje de la identidad judía. Su geografía, su historia milenaria y su presencia constante en la liturgia y la memoria colectiva hacen de Judea mucho más que una tierra: es una promesa, un testimonio y un hogar eterno.

Geografía Sagrada

La topografía de Judea está cargada de simbolismo bíblico. Las montañas de Hebrón, donde Abraham compró la Cueva de Majpelá para enterrar a Sara, representan el primer acto de posesión judía de la tierra prometida. El desierto de Judea, árido y escarpado, fue escenario de retiro espiritual y revelación, como en el caso de los esenios y Juan el Bautista. Jerusalén, situada en una meseta montañosa, es descrita en los Salmos como "la ciudad unida en sí misma" (Tehilim-Salmos 122:3), símbolo de unidad espiritual y nacional.

Judea en la Liturgia

Las festividades judías están profundamente ligadas a la geografía de Judea. Sucot, por ejemplo, conmemora la travesía por el desierto, pero también es una festividad agrícola celebrada en la época de la cosecha en Judea. Durante Pesaj, se recuerda la salida de Egipto con la esperanza de celebrar "el próximo año en Jerusalén". En Tishá BeAv, se llora la destrucción del Templo en Jerusalén, mientras que en Yom Kipur, el servicio litúrgico evoca el ritual del Sumo Sacerdote en el Templo de Judea. Estas prácticas mantienen viva la conexión espiritual con la tierra.

Fuentes Extrabíblicas

La historia de Judea no se limita a los textos sagrados. Documentos extrabíblicos refuerzan la presencia judía en la región:

La Estela de Merenptah (ca. 1208 a.C.), hallada en Egipto, contiene la primera mención conocida de "Israel" como un grupo étnico en Canaán.

Los Rollos del Mar Muerto, descubiertos en Qumrán, contienen textos bíblicos y sectarios que reflejan la vida religiosa judía en Judea durante el Segundo Templo.

La Estela de Mesha (siglo IX a.C.) menciona conflictos entre Moab e Israel, confirmando la existencia de reinos hebreos en la región.

Estas fuentes corroboran que Judea fue un centro de vida nacional y religiosa judía desde tiempos antiguos.

Arqueología Urbana: La Ciudad de David.

Las excavaciones en la Ciudad de David, al sur del Monte del Templo en Jerusalén, han revelado estructuras que datan del período del Primer Templo (siglo X a.C.). Entre los hallazgos destacan:

El túnel de Ezequías, una obra hidráulica mencionada en 2 Reyes 20:20.

Sellos con nombres hebreos como "Gemaryahu ben Shaphan", funcionario del rey Josías.

Restos de murallas y viviendas que confirman una ciudad fortificada y habitada por una élite administrativa y religiosa.

Estos descubrimientos refuerzan la historicidad del relato bíblico y la centralidad de Jerusalén en la vida judía.

Continuidad Demográfica: Censos Otomanos.

Durante el siglo XIX, bajo el dominio otomano, los censos y registros fiscales documentan la presencia continua de comunidades judías en Judea:

En Jerusalén, los judíos constituían una mayoría demográfica ya en la década de 1840, según registros de viajeros y autoridades otomanas.

En Safed, ciudad galilea con fuerte tradición cabalística, existía una comunidad judía activa desde la Edad Media.

En Hebrón, los judíos vivieron de forma ininterrumpida hasta la masacre de 1929, y regresaron tras 1967.

Estos datos desmienten la idea de una "Judea vacía" antes del sionismo moderno y confirman una continuidad poblacional significativa.

Judea no es solo un territorio geográfico; es el fundamento mismo de la identidad judía, el escenario donde se desarrollaron los acontecimientos más trascendentales de su historia, y la tierra que dio forma a su fe, su cultura y su destino como pueblo. Desde los tiempos bíblicos hasta la era moderna, Judea ha sido el corazón espiritual y político del judaísmo, un vínculo que ha persistido a través de siglos de conquistas, exilios y renacimientos.

Judea en la Biblia: La Tierra Prometida y el Reino de David

La conexión del pueblo judío con Judea se remonta a los relatos fundacionales de la Torá. Según las Escrituras, esta fue la tierra prometida a Abraham, Isaac y Jacob, el lugar donde se asentaron las tribus de Israel y donde se estableció el Reino de Judá tras la división de los reinos hebreos. Jerusalén, conquistada por el rey David hace más de tres mil años, se convirtió en la capital eterna del pueblo judío y en el sitio del Sagrado Templo construido por Salomón.

Judea fue el centro del judaísmo incluso después de la destrucción del Primer Templo por los babilonios (586 a.e.c.) y del exilio a Babilonia. El retorno a Sión, liderado por Zorobabel, Esdras y Nehemías, y la reconstrucción del Segundo Templo reafirmaron el lazo indisoluble entre el pueblo judío y su tierra.

Fuera de la Biblia, numerosas fuentes antiguas corroboran la centralidad de Judea en la historia judía:

Inscripciones asirias y babilónicas mencionan a los reyes de Judá y la conquista de Jerusalén.

Textos persas, como el Cilindro de Ciro, registran el permiso para que los judíos regresaran a Judea.

Documentos griegos y romanos, incluyendo los escritos de Flavio Josefo, detallan la resistencia judía durante las revueltas macabeas y las guerras judeo-romanas.

Hallazgos arqueológicos, como el Muro de los Lamentos, la Ciudad de David, las monedas de la rebelión de Bar Kojbá y los Rollos del Mar Muerto, confirman la presencia judía ininterrumpida.

Aun despues de la destrucción del Segundo Templo (70 e.c.) y la diáspora, Judea siguió siendo el eje de la identidad judía. Durante siglos, judíos de todo el mundo oraron en dirección a Jerusalén, mencionaron a Sión en sus plegarias y anhelaron el retorno. Las revueltas contra Roma (como la de Bar Kojbá, 132-135 e.c.) demostraron que, incluso en la derrota, el vínculo con Judea nunca se rompió.

En la época moderna, el resurgimiento del nacionalismo judío (sionismo) tuvo como objetivo central el restablecimiento de un hogar nacional en la tierra histórica de Judea y Samaria. La reconexión física con lugares como Hebrón (tumba de los Patriarcas), Belén (tumba de Rajel) y Jerusalén reavivó el lazo milenario.

Judea no es un reclamo político, sino la esencia misma de la historia judía. Negar esta conexión es ignorar tres milenios de evidencia documental, arqueológica y cultural. Desde Abraham hasta los macabeos, desde los sabios del Talmud hasta los pioneros sionistas, Judea ha sido y siempre será la tierra donde el pueblo judío forjó su legado y al cual, generación tras generación, ha jurado regresar.

Este libro reafirma esa verdad histórica frente a los intentos de reescribir el pasado. Porque sin Judea, no hay judaísmo; y sin Jerusalén, no hay pueblo judío.

A lo largo de los siglos, Judea nunca quedó completamente desprovista de población judía, a pesar de las expulsiones, persecuciones y conquistas. La narrativa de una "Judea vacía de judíos" hasta el sionismo moderno es un mito que contradice la evidencia histórica, arqueológica y documental. Desde la antigüedad hasta la actualidad, hubo siempre comunidades judías asentadas en Judea, manteniendo viva la conexión con la tierra.

1. Después de la Destrucción del Segundo Templo (70 e.c.)

El pueblo judío, también conocido como el pueblo de Israel, tiene una historia rica y compleja que se remonta a miles de años. La historia del pueblo judío comienza con los patriarcas bíblicos, Abraham, Isaac y Jacob, y continúa con la esclavitud en Egipto, el éxodo y la conquista de la tierra de Canaán. A lo largo de los siglos, el pueblo judío ha enfrentado numerosas pruebas y tribulaciones, incluyendo el exilio babilónico, la destrucción del Primer y Segundo Templo, y la diáspora. Sin embargo, a pesar de estos desafíos, el pueblo judío ha mantenido su identidad y ha hecho contribuciones significativas a la cultura, la religión y la filosofía mundial.

Aunque el Imperio Romano aplastó la rebelión judía y destruyó Jerusalén, no deportó a toda la población. Fuentes como Flavio Josefo y hallazgos arqueológicos demuestran que:

Judíos permanecieron en zonas rurales de Judea, especialmente en Galilea, pero también en aldeas cerca de Jerusalén, Hebrón y el Gush Etzión actual.

La rebelión de Bar Kojbá (132-135 e.c.) confirmó la presencia judía masiva en Judea, ya que fue una revuelta nacional con apoyo local. Tras su derrota, Roma renombró la región como "Siria Palestina" para borrar su identidad judía, pero comunidades rurales persistieron.

2. Período Bizantino y Primeros Siglos del islam

Los judíos han vivido en la región de Judea durante milenios, y su presencia en la tierra ha sido continua a pesar de las numerosas conquistas y cambios de dominio. Durante el período del Segundo Templo, Judea fue un centro de la vida religiosa y cultural judía. La región fue gobernada por una serie de imperios, incluyendo los babilonios, persas, griegos y romanos. Cada uno de estos imperios dejó su huella en la región, pero el pueblo judío siempre mantuvo su conexión con la tierra. La arqueología ha proporcionado evidencia de la presencia judía en Judea, incluyendo restos de sinagogas, mikvaot (baños rituales) y otros artefactos.

Documentos cristianos y judíos (como las cartas de la Genizá de El Cairo) mencionan judíos en Jerusalén, Hebrón y Ramleh trabajando como agricultores, artesanos y comerciantes.

Sinagogas antiguas (como la de Susiya, en el sur de Hebrón, siglo IV-VI e.c.) prueban la vida judía organizada.

Bajo dominio musulmán (a partir del siglo VII), judíos siguieron viviendo en Judea, aunque en menor número debido a impuestos discriminatorios (como la jizya).

3. Época Cruzada y Mameluca (Siglos XII-XV)

La rebelión de Bar Kojba (132-136 EC) fue una de las revueltas más significativas contra el dominio romano en Judea. Liderada por Simón Bar Kojba, la rebelión fue una respuesta a las políticas opresivas del emperador Adriano, que incluían la prohibición de prácticas religiosas judías y la construcción de una ciudad romana en el sitio de Jerusalén. Aunque la rebelión fue inicialmente exitosa, fue finalmente aplastada por los romanos, resultando en la destrucción de muchas comunidades judías y la dispersión de la población. La rebelión de Bar Kojba tuvo un impacto duradero en la historia judía, y es recordada como un símbolo de resistencia y lucha por la libertad.

Los cruzados masacraron a judíos y musulmanes, pero algunas comunidades judías sobrevivieron, especialmente en Hebrón y Safed (Galilea).

Rabinos como Najmánides (Rambán) documentaron en el siglo XIII la presencia judía en Jerusalén y promovieron su retorno.

4. Dominio Otomano (Siglos XVI-XX)

La fundación del Estado de Israel en 1948 marcó un hito en la historia judía. Después de siglos de diáspora y persecución, el pueblo judío finalmente tuvo un hogar nacional en la tierra de sus antepasados. La creación del Estado de Israel fue el resultado de décadas de esfuerzos diplomáticos y políticos, así como de la inmigración judía a Palestina. La declaración de independencia de Israel fue seguida por una serie de conflictos con los países vecinos, pero el estado logró establecerse y prosperar. Hoy en día, Israel es un país moderno y desarrollado, con una economía vibrante y una sociedad diversa. La conexión entre el pueblo judío y la tierra de Israel sigue siendo un aspecto central de la identidad judía.

Comunidades Estables:

Hebrón: Una comunidad judía continua desde la antigüedad hasta la masacre de 1929.

Jerusalén: judíos vivieron en el Barrio Judío, incluso durante los peores períodos de persecución.

Safed: Centro de la mística judía (Cábala) en el siglo XVI, con rabinos como el Arizal.

Poblaciones rurales: En pueblos como Peki'in, familias judías mantuvieron presencia por generaciones.

5. El Mandato Británico y la Revitalización Sionista

El legado del pueblo judío en Judea es evidente en la rica herencia cultural y religiosa que ha dejado en la región. Desde los tiempos bíblicos hasta la actualidad, los judíos han contribuido de manera significativa a la historia y la cultura de Judea. La arqueología ha revelado numerosos sitios y artefactos que atestiguan la presencia judía en la región, incluyendo sinagogas, tumbas y manuscritos antiguos. Estos hallazgos proporcionan una visión valiosa de la vida y las prácticas religiosas de los judíos en Judea a lo largo de los siglos. Además, la historia de Judea está entrelazada con la historia del judaísmo, y la región sigue siendo un lugar de gran importancia religiosa y cultural para los judíos de todo el mundo.

Aunque la población judía en Judea y Samaria disminuyó en el siglo XIX (por pobreza y migración a ciudades costeras), nunca desapareció.

Comunidades como la de Hebrón fueron destruidas en pogromos (1929), pero el asentamiento judío moderno (desde 1967) no fue una "invasión", sino un retorno a zonas con historia judía ininterrumpida.

La idea de que los judíos "abandonaron Judea" y luego "regresaron de la nada" es falsa. Siempre hubo judíos en Judea, aunque en algunos períodos su número fuera reducido. La diáspora no significó la ausencia total, sino la preservación de un anhelo de retorno que se materializó con el sionismo.

Judea no es una "ocupación": es el hogar ancestral del pueblo judío, con una presencia documentada por más de 3,000 años. Negar esto es ignorar no solo la historia, sino la resiliencia de un pueblo que nunca renunció a su tierra.

Este libro reafirma, con pruebas irrefutables, que los asentamientos judíos en Judea no son una novedad colonial, sino la restauración de un vínculo eterno.

LA HISTORIA REAL DE JUDEA Y EL PUEBLO JUDÍO

Los Orígenes del Pueblo Judío en Judea

La región de Judea (en hebreo, Yehudá) debe su nombre a la tribu de Judá, una de las doce tribus de Israel que se asentó en estas tierras tras el Éxodo de Egipto, según relatan la Biblia y la tradición judía. Sin embargo, más allá del texto sagrado, la evidencia arqueológica y los registros extrabíblicos confirman la presencia de un reino judío organizado desde al menos el siglo X a.C.

Los Patriarcas y el Éxodo: Los Cimientos del Pueblo Judío

La historia del pueblo judío comienza con los Patriarcas (Avot) –Abraham, Isaac y Jacob–, figuras fundacionales cuyas vidas establecieron el vínculo espiritual y territorial entre el pueblo hebreo y la Tierra de Israel. Este período, narrado en el Génesis (Bereshit), es seguido por el Éxodo (Shemot), el evento milagroso que transformó a los hebreos en una nación unificada bajo el pacto con Dios.

Abraham (Avraham): El Primer Patriarca y el Pacto Divino

Abraham no es solo una figura bíblica, sino el arquetipo del creyente que desafió convenciones para establecer una relación eterna con Dios. Su legado perdura en el judaísmo, cristianismo e islam, pero es el pueblo judío quien heredó su misión: ser "luz para las naciones" desde la Tierra que Dios le prometió.

"Porque a Abraham escogí, para que mande a sus hijos y a su casa después de sí que guarden el camino del Señor" (Génesis 18:19).

Abraham (originalmente Abram) es considerado el padre fundador del pueblo judío, el primer patriarca (Av Hamon Goyim -"padre de multitudes de naciones") y el iniciador del monoteísmo ético. Su vida, narrada en el libro del Génesis (Bereshit, capítulos 12-25), marca el comienzo de la relación especial entre Dios y el pueblo hebreo, así como su conexión eterna con la Tierra de Israel (Eretz Israel).

Padre del monoteísmo: Rechazó la idolatría de su época para seguir a un Dios único y moral.

Fundador del pueblo judío: Su pacto con Dios establece la elección divina de Israel.

Ejemplo de fe (Emuná): Su obediencia en la Akedá lo convierte en modelo de devoción.

Vínculo eterno con la Tierra de Israel: Las promesas divinas a Abraham son la base histórica y teológica del derecho judío a su patria ancestral.

Nacimiento y Familia

Nació en Ur de los caldeos (actual sur de Irak) alrededor del siglo XIX a.e.c.

Hijo de Téraj, décima descendencia de Sem (hijo de Noé).

Su nombre original, Abram, significa "padre elevado".

El Primer Mandato Divino: "Lej Lejá" (Vete de tu tierra)

Dios se revela a Abram (Bereshit, Génesis 12:1-3):

"Vete de tu tierra, de tu parentela y de la casa de tu padre, a la tierra que te mostraré."

"Haré de ti una gran nación, te bendeciré y engrandeceré tu nombre... y serán benditas en ti todas las familias de la tierra."

Abram obedece y parte con su esposa Sarai (más tarde Sara), su sobrino Lot y su padre Téraj hacia Canaán.

Establecimiento en Canaán y las Primeras Pruebas.

Al llegar a Siquem (actual Nablus), Dios le promete:

"A tu descendencia daré esta tierra" (Bereshit, Génesis 12:7).

Abram construye un altar a Dios en Siquem, luego en Betel y Hevron.

Hambre y Descenso a Egipto

Una sequía obliga a Abram a ir a Egipto, donde Sarai es tomada por el Faraón (Bereshit, Génesis 12:10-20).

Dios castiga al Faraón con plagas, y este devuelve a Sarai, reconociendo la protección divina sobre Abram.

Separación de Lot y la Guerra de los Reyes.

Abram y su sobrino Lot se separan por conflictos entre sus pastores.

Lot es capturado durante una guerra entre reinos cananeos, y Abram lo rescata con 318 hombres (Bereshit, Génesis 14).

A su regreso, es bendecido por Melquisedec, rey de Salem (Jerusalén), quien lo honra con pan y vino.

El Pacto Eterno: Promesa de Descendencia y Tierra

La Promesa de un Heredero.

Abram expresa su preocupación por no tener hijos (Bereshit, Génesis 15).

Dios lo lleva fuera y le dice:

"Mira hacia los cielos y cuenta las estrellas... así será tu descendencia."

"A tu descendencia he dado esta tierra, desde el río de Egipto hasta el gran río, el Éufrates."

El Pacto de las Partes (Brit Bein HaBetarim).

Dios formaliza su pacto con un ritual antiguo:

Abram divide animales, y una antorcha de fuego pasa entre ellos, simbolizando la alianza inquebrantable.

Se profetiza el exilio en Egipto y el posterior regreso a la Tierra Prometida.

Nacimiento de Ismael y el Cambio de Nombre.

Sarai, al ser estéril, da a su sierva Agar a Abram, quien engendra a Ismael (Bereshit, Génesis 16).

Dios renueva el pacto (Bereshit, Génesis 17):

Cambia su nombre a Abraham ("padre de multitudes") y el de Sarai a Sara ("princesa").

Instituye la circuncisión (Brit Milá) como señal del pacto.

Promete que Sara tendrá un hijo: Isaac (Itzjak).

La Prueba Suprema: El Sacrificio de Isaac (Akedat Itzjak)

Dios Ordena el Sacrificio.

"Toma a tu hijo, tu único, a Itzjak, a quien amas, y ve a la tierra de Moriá... ofrécelo allí en holocausto" (Bereshit, Génesis 22:2).

Abraham obedece sin cuestionar, demostrando fe absoluta.

Intervención Divina y Reafirmación del Pacto.

En el último momento, un ángel detiene su mano:

"No extiendas tu mano sobre el muchacho... ahora sé que temes a Dios" (Bereshit, Génesis 22:12).

Un carnero es sacrificado en lugar de Isaac.

Dios bendice a Abraham nuevamente:

"Multiplicaré tu descendencia como las estrellas del cielo... y todas las naciones se bendecirán en tu simiente" (Bereshit, Génesis 22:17-18).

Muerte y Legado, Últimos Años

Compra la Cueva de Majpelá en Hebrón para enterrar a Sara (Bereshit, Génesis 23).

Envía a su siervo Eliezer a buscar esposa para Isaac: Rebeca (Rivká).

Muere a los 175 años y es enterrado junto a Sara en Hebrón (Bereshit, Génesis 25:7-10).

Isaac, Hijo de Abraham: Una Historia de Fe y Promesa

La historia de Isaac enseña sobre la obediencia, la provisión divina y el cumplimiento de las promesas de Dios contra toda esperanza humana. Desde su nacimiento milagroso hasta su papel en el plan redentor, Isaac es un recordatorio eterno de que "Dios suplirá todo lo que falta" (Bereshit, Génesis 22:14).

El Nacimiento de un Hijo Prometido

La historia de Isaac comienza con una promesa divina. Su padre, Abraham (originalmente llamado Abram), recibió un llamado de Dios: "Vete de tu tierra y de tu parentela, y de la casa de tu padre, a la tierra que te mostraré. Y haré de ti una nación grande" (Bereshit, Génesis 12:1-2). A pesar de que Abraham y su esposa Sara (antes Sarai) eran avanzados en edad y Sara era estéril, Dios reiteró Su promesa: "Mira ahora los cielos, y cuenta las estrellas… Así será tu descendencia" (Génesis 15:5).

Años después, cuando Abraham tenía 99 años y Sara 90, Dios les aseguró que tendrían un hijo. Sara, incrédula al principio, se rio ante la idea (Génesis 18:12), pero Dios respondió: "¿Hay para Dios alguna cosa difícil?" (Génesis 18:14). Cumpliendo Su palabra, Sara concibió y dio a luz a Isaac, cuyo nombre significa "risa", recordando tanto la incredulidad como la alegría de su nacimiento (Génesis 21:1-7).

El Sacrificio de Isaac

Uno de los relatos más conmovedores de la Biblia es la prueba de fe de Abraham cuando Dios le ordenó: "Toma ahora a tu hijo, tu único, Isaac, a quien amas, y vete a tierra de Moriah, y ofrécelo allí en holocausto" (Bereshit, Génesis 22:2). Aunque el mandato parecía contradecir la promesa de una descendencia a través de Isaac, Abraham obedeció sin cuestionar.

Al tercer día de viaje, Abraham e Isaac llegaron al monte. Mientras Isaac cargaba la leña para el sacrificio, preguntó: "Padre mío… ¿dónde está el cordero para el holocausto?" Abraham respondió con fe: "Dios se proveerá de cordero" (Bereshit, Génesis 22:7-8).

En el momento crítico, cuando Abraham alzó el cuchillo, un ángel lo detuvo: "No extiendas tu mano sobre el muchacho… ya conozco que temes a Dios" (Bereshit, Génesis 22:12). Abraham descubrió un carnero enredado en un matorral y lo ofreció en lugar de su hijo. Este evento no solo confirmó la fe de Abraham, sino que también prefiguró el sacrificio futuro de Cristo, el "Cordero de Dios".

Matrimonio y Descendencia

Isaac creció bajo el cuidado de Abraham, quien envió a su siervo a buscar una esposa para él de entre su parentela en Mesopotamia. El siervo oró por dirección y encontró a Rebeca, quien bondadosamente ofreció agua para él y sus camellos (Bereshit, Génesis 24). Rebeca se convirtió en la esposa de Isaac, y él la amó profundamente (Bereshit, Génesis 24:67).

Aunque Isaac y Rebeca fueron bendecidos, enfrentaron dificultades como la esterilidad temporal de Rebeca. Isaac oró por ella, y Dios le concedió gemelos: Esaú y Jacob (Bereshit, Génesis 25:21-26). La rivalidad entre estos hermanos marcó el resto de la historia familiar.

Conflictos y Bendiciones

Isaac siguió los pasos de su padre, viviendo como nómada y reiterando las promesas de Dios. Sin embargo, también repitió el error de Abraham al mentir sobre su esposa llamándola "hermana" por temor (Bereshit, Génesis 26:7). A pesar de sus fallas, Dios prosperó a Isaac, bendiciendo sus cosechas y rebaños (Bereshit, Génesis 26:12-14).

En sus últimos años, Isaac, ya ciego, fue engañado por Jacob y Rebeca para que bendijera a Jacob en lugar de a Esaú (Bereshit, Génesis 27). Aunque esto causó división, Dios usó estos eventos para cumplir Su plan: Jacob (posteriormente Israel) se convirtió en el padre de las doce tribus.

Muerte y Legado

Isaac murió a la edad de 180 años y fue enterrado por sus dos hijos en la tumba familiar de Macpela, junto a Abraham y Sara (Bereshit, Génesis 35:28-29). Su vida fue un eslabón crucial en el linaje del pacto, conectando la promesa hecha a Abraham con la futura nación de Israel.

Jacob, Hijo de Isaac: La Lucha y la Gracia Divina

La historia de Jacob, hijo de Isaac y nieto de Abraham, es una de las más complejas y ricas en enseñanzas de la Biblia. Su vida estuvo marcada por engaños, conflictos familiares, luchas espirituales y, finalmente, la transformación que lo llevó a ser el padre de las doce tribus de Israel. Su nombre, que significa "el que suplanta" o "el que agarra el talón", refleja su naturaleza astuta, pero también el poder de Dios para redimir y cambiar un destino.

Jacob, el suplantador, se convirtió en Israel, el padre de una nación. Su vida muestra que Dios puede redimir incluso a los más imperfectos, usando sus errores para cumplir Su plan. Las doce tribus de Israel surgieron de sus hijos.

"Yo soy el Dios de Abraham, de Isaac y de Jacob" (Shemot, Éxodo 3:6). Su historia no terminó con su muerte, porque Dios es Dios de vivos, no de muertos.

El Nacimiento y la Rivalidad con Esaú

Isaac y Rebeca, después de años de esterilidad, recibieron el milagro de un embarazo. Pero desde el vientre, los gemelos Jacob y Esaú luchaban entre sí (Bereshit, Génesis 25:22-23). Dios le reveló a Rebeca: "Dos naciones hay en tu seno… y el mayor servirá al menor", una profecía que marcaría sus vidas.

Al nacer, Esaú salió primero, pelirrojo y velludo, seguido de Jacob, que agarraba su talón (Bereshit, Génesis 25:26). Con el tiempo, Esaú se convirtió en un cazador, mientras que Jacob era tranquilo y prefería quedarse en casa.

El primer gran engaño de Jacob ocurrió cuando Esaú, hambriento, vendió su primogenitura por un plato de lentejas (Bereshit, Génesis 25:29-34). Más tarde, con la complicidad de Rebeca, Jacob se disfrazó como Esaú para recibir la bendición de Isaac, que estaba ciego (Bereshit, Génesis 27). Este acto desencadenó el odio de Esaú, quien juró matarlo.

La Huida y el Sueño de Betel

Por orden de Rebeca, Jacob huyó a Harán, tierra de su tío Labán, para encontrar esposa y escapar de la venganza de Esaú. En el camino, tuvo un sueño revelador: una escalera que unía el cielo y la tierra, con ángeles que subían y bajaban. Dios le confirmó el pacto hecho con Abraham: "La tierra en que estás acostado te la daré a ti y a tu descendencia… y en ti serán benditas todas las familias de la tierra" (Bereshit, Génesis 28:12-15).

Jacob llamó a ese lugar Betel (Casa de Dios) y erigió una piedra como memorial, haciendo un voto de fidelidad a Dios.

Jacob, Labán y las Dos Esposas

Al llegar a Harán, Jacob conoció a Raquel junto a un pozo y se enamoró de ella. Su tío Labán lo engañó, dándole primero a Lea (la mayor) como esposa y obligándolo a trabajar siete años más por Raquel (Bereshit, Génesis 29:15-30). Aunque Jacob amaba más a Raquel, Lea le dio cuatro hijos (Rubén, Simeón, Leví y Judá), mientras que Raquel era estéril.

En medio de esta rivalidad, las siervas Bilha y Zilpa también dieron hijos a Jacob (Bereshit, Génesis 30). Finalmente, Raquel concibió a José y más tarde a Benjamín.

Jacob trabajó veinte años para Labán, pero Dios lo prosperó, multiplicando sus rebaños a pesar de los engaños de su suegro (Bereshit, Génesis 31:7).

El Regreso a Canaán y la Lucha con Dios

Dios le ordenó a Jacob regresar a su tierra (Génesis 31:3). Temiendo a Esaú, envió regalos para aplacarlo, pero en la noche previo al encuentro, Jacob luchó con un misterioso hombre (un ángel o Dios mismo) hasta el amanecer (Bereshit, Génesis 32:22-32).

En esa lucha, Jacob mostró una tenacidad inusual: "No te dejaré, si no me bendices". El ángel le cambió el nombre a Israel ("el que lucha con Dios") y lo bendijo, pero también lo dejó con una cojera permanente como recordatorio de su dependencia divina.

Al día siguiente, Esaú lo recibió con paz, sellando su reconciliación (Bereshit, Génesis 33).

Tragedia y Redención

La familia de Jacob enfrentó grandes pruebas:

Dina, su hija, fue violada en Siquem, lo que llevó a sus hijos Simeón y Leví a masacrar a los hombres de la ciudad (Bereshit, Génesis 34).

Raquel murió al dar a luz a Benjamín (Bereshit, Génesis 35:16-20).

José, su hijo amado, fue vendido como esclavo por sus hermanos (Bereshit, Génesis 37).

Años después, cuando el hambre azotó Canaán, Jacob y sus hijos descendieron a Egipto, donde José, ahora virrey, los salvó (Bereshit, Génesis 45-46).

Las Bendiciones Finales y Muerte

En sus últimos días, Jacob bendijo a sus doce hijos, profetizando sobre el futuro de las tribus de Israel (Génesis 49). Judá recibió la promesa mesiánica: "No será quitado el cetro de Judá… hasta que venga Siloh" (Bereshit, Génesis 49:10).

Jacob murió en Egipto a los 147 años, pero pidió ser enterrado en la cueva de Macpela, junto a Abraham e Isaac (Bereshit, Génesis 49:29-33). José cumplió su deseo, llevando su cuerpo de vuelta a Canaán (Bereshit, Génesis 50).

De Egipto a la Tierra Prometida. El Origen del Pueblo y la Tierra

La historia de Judea, corazón espiritual y geográfico del pueblo hebreo, comienza mucho antes de que se consolidara como reino. En sus inicios, la región fue conocida como Canaán, una tierra fértil y disputada, habitada por diversos pueblos. Con el tiempo, se convertiría en el escenario de una de las narrativas más influyentes de la historia humana.

José y el Camino al Exilio

José, hijo de Jacob, fue vendido por sus hermanos por envidia y llevado a Egipto como esclavo. Allí, gracias a su capacidad para interpretar sueños, ascendió hasta convertirse en visir del faraón. Durante una gran hambruna, sus hermanos acudieron a Egipto en busca de alimento, sin saber que José era ahora una figura poderosa. Tras revelarse a ellos, José los perdonó y trajo a toda su familia a vivir en Egipto.

Este acto de reconciliación marcó el inicio de una larga estancia del pueblo hebreo en Egipto. Con el tiempo, los hebreos crecieron en número, lo que despertó el temor de los egipcios. Un nuevo faraón, que no conocía a José, los esclavizó, temiendo su poder.

Moisés, el Profeta de la Libertad

Moisés es una de las figuras más trascendentales de la historia de Israel y del pensamiento religioso universal. Su vida, marcada por milagros, desafíos y revelaciones divinas, representa el puente entre la esclavitud y la libertad, entre la opresión y la ley.

Moisés nació en Egipto en una época en la que el faraón había ordenado la muerte de todos los varones hebreos recién nacidos, temiendo el crecimiento del pueblo israelita. Su madre, Jocabed, lo escondió durante tres meses y luego lo colocó en una cesta de papiro que dejó flotar en el Nilo. La hija del faraón lo encontró y, conmovida, lo adoptó como su hijo, dándole el nombre de Moisés, que significa "sacado de las aguas".

Criado en la corte egipcia, Moisés recibió una educación privilegiada, pero nunca olvidó sus raíces. Al ver a un egipcio maltratando a un hebreo, lo mató y huyó al desierto de Madián para evitar represalias.

La hija del Nilo

El palacio del faraón se alzaba majestuoso sobre las aguas del Nilo, reflejando el esplendor de una civilización que se creía eterna. Entre sus columnas de alabastro y jardines perfumados vivía Bitya, hija del rey, mujer de noble corazón y mirada inquieta. Aunque rodeada de dioses tallados en oro y rituales ancestrales, su alma buscaba algo más: una verdad que no encontraba en los templos de Ra ni en las sombras de Osiris.

Una mañana, mientras el sol doraba las aguas del gran río, Bitya descendió con sus doncellas para bañarse. Fue entonces cuando vio una cesta flotando entre los juncos. Curiosa, ordenó que la trajeran. Al abrirla, encontró a un niño llorando, envuelto en mantas hebreas. Su llanto era como un eco de los clamores que resonaban en su corazón.

"Es uno de los hijos de los hebreos", murmuró una de sus siervas.

Pero Bitya no lo entregó a la muerte, como ordenaba el edicto de su padre. En cambio, lo tomó en sus brazos y dijo: "Este niño será mío". Lo llamó Moisés, "porque de las aguas lo saqué".

Aquel acto de compasión fue el primer paso de su transformación. Crió a Moisés en la corte, pero también en el silencio de su alma comenzó a escuchar una voz distinta, una que no venía de los ídolos de Egipto, sino del Dios invisible que parecía acompañar al niño.

Años después, cuando Moisés huyó de Egipto, Bitya sintió que una parte de ella se marchaba con él. El palacio se volvió más frío, los rituales más vacíos. Comenzó a rechazar los sacrificios a los dioses egipcios, y en secreto, oraba al Dios de los hebreos, al Dios de su hijo.

Cuando los esclavos fueron liberados y cruzaron el mar, Bitya supo en su corazón que el Dios de Israel era el verdadero. Según la tradición, abandonó Egipto y se unió al pueblo de Moisés en el desierto. Fue acogida entre los israelitas, no como princesa, sino como creyente. Y Dios la llamó "hija mía", porque había dejado la casa de su padre por amor a la verdad.

En la Tierra de Madián

El sol caía implacable sobre el desierto mientras Moisés huía de Egipto, su corazón dividido entre la culpa y la justicia. Había matado a un egipcio por defender a un hebreo, y ahora era un fugitivo. Atrás quedaban los palacios del Nilo; delante, la incertidumbre del exilio.

Tras días de caminar, llegó a un pozo en la tierra de Madián. Allí, exhausto, se sentó a la sombra de una roca. Fue entonces cuando vio a siete mujeres acercarse con sus rebaños. Eran hijas de Reuel, también conocido como Jetró, sacerdote de Madián.

Pero antes de que pudieran abrevar a sus ovejas, unos pastores las ahuyentaron.

Moisés, aún con el fuego de la justicia en su interior, se levantó. Enfrentó a los pastores y defendió a las mujeres. Luego, ayudó a dar de beber a los rebaños.

Cuando las jóvenes regresaron a casa, su padre se sorprendió: "¿Cómo es que volvéis tan pronto hoy?". Ellas contaron lo sucedido, y Jetró, intrigado, mandó llamar al forastero.

Así fue como Moisés entró en la casa de Jetró. El sacerdote lo acogió, y con el tiempo, le dio por esposa a su hija Séfora, una mujer de espíritu fuerte y corazón sabio. Moisés se convirtió en pastor, cuidando los rebaños de su suegro en las montañas de Madián. Allí, en el silencio del desierto, comenzó a sanar su alma.

Pasaron los años. Moisés y Séfora tuvieron un hijo, a quien llamó Gersón, diciendo: "Soy forastero en tierra ajena".

Un día, mientras pastoreaba cerca del monte Horeb, Moisés vio una zarza que ardía sin consumirse. Se acercó, y desde el fuego, Dios lo llamó. Le reveló su nombre: "Yo Soy el que Soy", y le encomendó liberar a Israel de Egipto.

Moisés regresó a casa con el corazón tembloroso. Contó a Séfora y a Jetró lo que había visto y oído. Jetró, el sacerdote de Madián, escuchó con atención. Aunque no era israelita, reconoció la grandeza del Dios de Moisés. Más adelante, cuando Moisés condujo al pueblo por el desierto, Jetró lo visitó y, al oír todo lo que Dios había hecho, bendijo al Señor y ofreció sacrificios (Shemot, Éxodo 18). Dijo: "Ahora sé que el Señor es más grande que todos los dioses".

Así, el suegro de Moisés, un hombre sabio y justo, se convirtió en adorador del Dios de Israel. Y Séfora, su esposa, caminó junto a Moisés en la misión divina, aunque su historia quedaría en la sombra de la gran epopeya.

Las Plagas y la Liberación

Moisés y su hermano Aarón confrontaron al faraón, exigiendo la liberación de los hebreos. Ante su negativa, Dios envió diez plagas sobre Egipto: desde la transformación del agua en sangre hasta la muerte de los primogénitos. Cada plaga fue un golpe contra los dioses egipcios, demostrando el poder del Dios de Israel.

Finalmente, tras la décima plaga, el faraón cedió. Los hebreos partieron apresuradamente, celebrando la primera Pascua (Pesaj), una conmemoración de la liberación que perdura hasta hoy.

El Cruce del Mar Rojo y el Desierto

Cuando el faraón se arrepintió y persiguió a los hebreos, Moisés, guiado por Dios, abrió el Mar Rojo, permitiendo que su pueblo cruzara en seco. Las aguas se cerraron sobre los egipcios, sellando la liberación.

En el desierto, el pueblo enfrentó hambre, sed y dudas. Dios proveyó maná, codornices y agua de la roca. A pesar de los milagros, los hebreos se rebelaron en varias ocasiones, lo que prolongó su estancia en el desierto a cuarenta años.

El Sinaí y la Ley

En el monte Sinaí, Moisés subió a encontrarse con Dios y recibió las Tablas de la Ley, los Diez Mandamientos, que establecieron los principios éticos y religiosos del pueblo. También recibió instrucciones detalladas para la construcción del Tabernáculo, el culto y la organización social.Cuando descendió y vio al pueblo adorando un becerro de oro, rompió las tablas en señal de indignación. Luego intercedió ante Dios por su pueblo, y recibió un nuevo conjunto de tablas.

El castigo por los espías en la Tierra Prometida

El sol ardía sobre el campamento de Israel, extendido como un mar de tiendas al pie del desierto de Parán. Tras meses de travesía desde Egipto, el pueblo se encontraba al borde de su destino: la Tierra Prometida. Moisés, el siervo de Dios, recibió una orden clara: enviar hombres a explorar la tierra de Canaán, la herencia que fluía con leche y miel.

Doce fueron escogidos, uno por cada tribu. Entre ellos, dos nombres que resonarían por generaciones: Caleb, hijo de Jefone, de Judá, y Josué, hijo de Nun, de Efraín. Durante cuarenta días, los espías recorrieron montañas, valles y ciudades fortificadas. Vieron los frutos de la tierra –racimos de uvas tan grandes que dos hombres debían cargarlos en un palo–, pero también vieron gigantes, descendientes de Anac, y pueblos poderosos.

Al regresar, el pueblo se reunió expectante. Los espías mostraron los frutos y confirmaron la fertilidad de la tierra. Pero entonces, diez de ellos sembraron el miedo: "No podremos subir contra ese pueblo, porque es más fuerte que nosotros. Somos como langostas ante sus ojos".

El miedo se propagó como fuego entre la multitud. Lamentos, gritos, y rebelión. "¡Volvamos a Egipto!", clamaban. Algunos incluso propusieron elegir un nuevo líder. Fue entonces cuando Josué y Caleb rasgaron sus vestiduras y clamaron con valentía:

"La tierra es buena. Si el Señor se agrada de nosotros, Él nos la dará. No teman. El Señor está con nosotros".

Pero el pueblo no escuchó. Tomaron piedras para apedrear a los fieles.

Entonces, la gloria del Señor descendió sobre el tabernáculo. Dios habló con Moisés, airado por la incredulidad de su pueblo. "¿Hasta cuándo me despreciarán? ¿Hasta cuándo no creerán, a pesar de todas las señales que he hecho entre ellos?"

Moisés intercedió, como tantas veces, apelando a la misericordia divina. Y Dios perdonó… pero no sin justicia.

"Por cuanto han probado mi paciencia diez veces y no han obedecido mi voz, ninguno de los que vieron mi gloria y mis señales entrará en la tierra. Sus cuerpos caerán en este desierto. Durante cuarenta años, uno por cada día que exploraron la tierra, llevarán el peso de su infidelidad".

Solo Josué y Caleb, los fieles, entrarían en la herencia prometida.

Al oír el juicio, el pueblo lloró amargamente. Al día siguiente, intentaron subir por su cuenta a Canaán, sin el arca, sin Moisés, sin la bendición de Dios. Pero fueron derrotados por los amalecitas y cananeos.

Así comenzó el largo vagar por el desierto. Una generación moriría entre las arenas, y otra nacería con la esperanza de entrar en la tierra que sus padres rechazaron por miedo.

El Nacimiento del Arca

En la cima del monte Sinaí, envuelto en fuego y nube, Dios habló con Moisés. No solo le entregó la Ley, sino también instrucciones para construir un objeto sagrado: el Arca de la Alianza.

No sería un simple cofre, sino el lugar donde el cielo tocaría la tierra.

Tallada en madera de acacia y recubierta de oro puro, el arca medía dos codos y medio de largo. Sobre ella, dos querubines de oro extendían sus alas, mirando hacia el centro: el propiciatorio, el lugar donde Dios se manifestaría.

Dentro del arca se colocaron tres objetos sagrados:

Las tablas de la Ley, escritas por el dedo de Dios.

Un vaso de maná, el pan del cielo.

La vara de Aarón, que floreció como señal de elección divina.

El arca no era un símbolo. Era presencia. Era pacto. Era fuego contenido.

El Arca en el Desierto

Durante los años de peregrinación, el arca iba al frente del campamento. Cuando se alzaba, Moisés decía: "¡Levántate, oh Señor, y sean dispersados tus enemigos!". Cuando se detenía, el pueblo descansaba.

El arca guiaba, protegía, y a veces juzgaba. Cuando algunos la tocaron sin permiso, cayeron muertos. Era santa. Intocable. Viva.

El Paso del Jordán y la Conquista

Cuando Israel llegó al río Jordán, el arca fue llevada por los sacerdotes al frente. En cuanto sus pies tocaron el agua, el río se detuvo, y el pueblo cruzó en seco. Fue el mismo milagro del Mar Rojo, pero ahora con el arca como protagonista.

En Jericó, el arca fue llevada en procesión durante siete días. Al séptimo, los muros cayeron. No por fuerza humana, sino por la presencia divina.

El Arca Capturada y Devuelta

En tiempos del profeta Samuel, Israel pecó y trató al arca como un amuleto. La llevaron a la batalla contra los filisteos, pero fueron derrotados. El arca fue capturada.

Pero dondequiera que los filisteos la colocaban, venía juicio: ídolos caían, plagas surgían. Finalmente, la devolvieron con temor, sobre un carro tirado por vacas. El arca regresó, pero no al tabernáculo, sino a la casa de Abinadab, donde permaneció por años.

David y el Regreso del Arca

Cuando David se convirtió en rey, quiso traer el arca a Jerusalén. Pero en el primer intento, un hombre llamado Uza la tocó para evitar que cayera, y murió. David temió al Señor.

Más tarde, con reverencia y danzas, el arca fue llevada a la ciudad de David. David danzó con todas sus fuerzas, y el pueblo celebró. El arca fue colocada en una tienda, hasta que su hijo Salomón construyera el templo.

El Arca en el Templo y su Desaparición

Cuando el Primer Templo fue terminado, el arca fue llevada al Lugar Santísimo. Una nube llenó el templo, señal de que Dios habitaba allí. Fue el trono invisible del Rey eterno.

Pero con el tiempo, Israel se apartó. En el año 586 a.C., los babilonios destruyeron Jerusalén. El templo fue saqueado… y el arca desapareció.

Desde entonces, su paradero es un misterio. Algunos creen que fue escondida por los sacerdotes. Otros, que fue llevada al cielo. Pero el pueblo nunca dejó de anhelarla.

El Arca del Corazón

El arca fue más que un objeto. Fue el símbolo del pacto, de la presencia, del Dios que camina con su pueblo. Y aunque ya no se ve, su eco resuena en cada altar, en cada oración, en cada corazón que guarda la Ley y busca la gloria.

El Legado de Moisés

Moisés no entró en la Tierra Prometida. Desde el monte Nebo, contempló Canaán antes de morir. Fue enterrado por Dios en un lugar desconocido. Su liderazgo dejó una huella indeleble: fue legislador, profeta, mediador y pastor del pueblo.

Su figura trasciende el judaísmo. Es venerado también en el cristianismo y el islam como un profeta ejemplar. Su vida representa la lucha por la justicia, la fe en medio de la adversidad y la obediencia a una misión divina.

El Éxodo y la Alianza

El Éxodo fue una travesía épica. Los hebreos cruzaron el Mar Rojo, guiados por Moisés, y vagaron por el desierto durante cuarenta años. En el monte Sinaí, Moisés recibió los Diez Mandamientos, estableciendo una alianza entre Dios y su pueblo. Durante este tiempo, el pueblo enfrentó pruebas, rebeliones y castigos, pero también recibió la Ley que definiría su identidad. Finalmente, bajo el liderazgo de Josué, sucesor de Moisés, los hebreos cruzaron el río Jordán y conquistaron Canaán, la Tierra Prometida.

Donde Habita el Nombre. El Sueño de un Rey

En los días dorados del reino unido de Israel, cuando la paz reinaba bajo el cetro de David, el rey miró desde su palacio hacia el tabernáculo, aquella tienda sagrada que había acompañado a su pueblo desde el desierto. Su corazón ardía con un deseo: construir una casa permanente para el Dios de Israel.

Pero el Señor le habló: "Tú no edificarás casa para mi Nombre, porque has derramado mucha sangre. Tu hijo lo hará".

Y así, cuando David durmió con sus padres, su hijo Salomón ascendió al trono. Bajo su reinado, Israel alcanzó su apogeo. Con sabiduría y riqueza, Salomón emprendió la obra más sagrada de su vida: la construcción del Primer Templo en Jerusalén.

Durante siete años, miles de obreros, artesanos y sabios trabajaron en silencio reverente. Cedros del Líbano, oro de Ofir, piedras talladas con precisión divina. Cuando el templo fue terminado, Salomón lo dedicó con una oración que estremeció los cielos: "¿Morará Dios verdaderamente sobre la tierra? He aquí, los cielos no pueden contenerte, ¡cuánto menos esta casa que he edificado!"

Y la gloria del Señor llenó el templo como una nube.

El Fuego y el Exilio

Durante siglos, el templo fue el corazón palpitante de Israel. Allí se ofrecían sacrificios, se celebraban las fiestas, y el pueblo se reunía para buscar el rostro de Dios. Pero con el tiempo, los reyes se corrompieron, el pueblo se desvió, y los profetas clamaron en vano.

En el año 586 a.C., el juicio llegó. Nabucodonosor, rey de Babilonia, sitió Jerusalén. El templo fue saqueado, incendiado, y destruido. Los muros cayeron, y el pueblo fue llevado al exilio.

El canto cesó. Solo quedó el recuerdo de la gloria pasada.

El Segundo Templo: Esperanza Restaurada.

Décadas después, bajo el edicto de Ciro de Persia, los exiliados regresaron. Con lágrimas y esperanza, comenzaron a reconstruir el templo. No tenía el esplendor del primero, pero el profeta Hageo proclamó: "La gloria postrera de esta casa será mayor que la primera".

Este Segundo Templo fue ampliado siglos más tarde por Herodes el Grande, quien lo embelleció con mármol blanco y oro, convirtiéndolo en una de las maravillas del mundo antiguo. Fue en sus patios donde enseñó Jesús de Nazaret, y donde los sabios discutían la Ley.

Pero la historia se repetiría. En el año 70 d.C., los romanos, bajo Tito, destruyeron el templo. Solo quedó un muro, el Kotel, donde hasta hoy se elevan oraciones entre las piedras.

El Templo del Corazón

Desde entonces, el templo vive en la memoria y en la esperanza. Cada generación judía ora: "Que se reconstruya pronto en nuestros días". Pero también se ha comprendido que el verdadero templo no es solo de piedra, sino del corazón: un lugar donde el Nombre de Dios habita, donde la justicia y la misericordia se encuentran.

El Clamor del Pueblo

En los días en que los jueces gobernaban, Israel era como un rebaño sin pastor. Cada tribu vivía según su parecer, y aunque Dios levantaba libertadores, el pueblo anhelaba algo más: un rey, como las naciones vecinas.

El profeta Samuel, anciano y sabio, se entristeció por la petición. Pero Dios le dijo: "No te han rechazado a ti, sino a Mí, para que no reine sobre ellos".

Así comenzó la era de los reyes:

Saúl: El Elegido Caído

El primero fue Saúl, un hombre alto, fuerte, de la tribu de Benjamín. Al principio, fue humilde y valiente. Liberó a Israel de sus enemigos y unificó al pueblo. Pero su corazón se desvió. Desobedeció la voz de Dios, y el Espíritu lo abandonó.

El Rey que No Supo Esperar

El Elegido Inesperado

En los días en que los jueces aún gobernaban y la voz de Dios era rara, el pueblo de Israel clamó por un rey. Querían ser como las demás naciones, tener un hombre que marchara al frente de sus ejércitos. El profeta Samuel, anciano y sabio, se resistía, pero Dios le dijo: "Concédeles un rey, pues no te han rechazado a ti, sino a Mí".

En una aldea de la tribu de Benjamín vivía un joven llamado Saúl, hijo de Quis. Era alto, apuesto, y de noble presencia. Nadie en Israel lo igualaba en estatura. Un día, mientras buscaba las asnas perdidas de su padre, el destino lo llevó ante Samuel. Allí, sin saberlo, el joven fue ungido con aceite y con destino: sería el primer rey de Israel.

El Ascenso del Ungido

Al principio, Saúl fue humilde. Se escondió entre el equipaje cuando lo llamaron para ser proclamado rey. Pero cuando el pueblo de Jabes de Galaad fue amenazado, el espíritu de Dios vino sobre él con poder. Reunió a Israel, venció a los amonitas, y fue aclamado como rey en Gilgal.

Bajo su liderazgo, Israel comenzó a fortalecerse. Venció a los filisteos, a los amalecitas, y a los enemigos que lo rodeaban. Pero en su corazón, algo comenzó a cambiar.

El Rey que No Supo Esperar

En una ocasión, mientras esperaba a Samuel para ofrecer sacrificios antes de la batalla, Saúl se impacientó. El pueblo comenzaba a dispersarse, y el profeta no llegaba. Así que Saúl, desobedeciendo la orden divina, ofreció el sacrificio él mismo.

Justo entonces llegó Samuel. Su rostro era grave. "Has actuado neciamente", le dijo. "Tu reino no perdurará. El Señor ha buscado un hombre conforme a su corazón".

Fue el principio del fin.

La Caída del Ungido

Dios le dio otra oportunidad: destruir por completo a los amalecitas. Pero Saúl perdonó al rey Agag y guardó lo mejor del botín. Cuando Samuel lo confrontó, Saúl intentó justificarse. Pero el profeta le respondió con palabras que resonarían por siglos: "La obediencia vale más que el sacrificio".

Samuel lloró por Saúl, pero Dios ya había elegido a otro: un joven pastor llamado David.

Desde entonces, el espíritu del Señor se apartó de Saúl, y un espíritu atormentador lo llenó de oscuridad. Solo la música de David, con su arpa, podía calmarlo. Pero cuando David comenzó a ganar fama, el corazón de Saúl se llenó de celos. Intentó matarlo, lo persiguió por montes y desiertos, y se convirtió en un rey consumido por el miedo.

El Fin del Primer Rey

En los últimos días de su vida, Saúl buscó respuestas en el silencio de Dios. Desesperado, acudió a una adivina en Endor, y allí, en la sombra, escuchó la sentencia: moriría en la batalla.

En el monte Gilboa, los filisteos derrotaron a Israel. Los hijos de Saúl murieron, y él, herido y sin esperanza, cayó sobre su propia espada.

Así terminó el reinado del primer rey de Israel: ungido por Dios, amado por el pueblo, pero vencido por su propia impaciencia y desobediencia.

El Legado de Saúl

Saúl fue un hombre trágico. Tenía el favor de Dios, el amor del pueblo, y el potencial de grandeza. Pero no supo esperar, no supo obedecer, y no supo soltar. Su historia es un espejo de advertencia y compasión: el poder sin humildad se convierte en ruina.

Y, sin embargo, David, su sucesor, lloró por él:

"¡Cómo han caído los valientes! Saúl y Jonatán, amados y queridos, más veloces que águilas, más fuertes que leones…".

David: El Pastor Rey

Dios eligió a otro: un joven pastor de Belén, David, hijo de Isaí. Con su arpa calmó al atormentado Saúl, y con su honda derribó al gigante Goliat. Fue perseguido, traicionado, pero nunca dejó de confiar en el Señor.

Cuando Saúl murió, David fue ungido rey. Reinó primero en Hebrón, luego en Jerusalén, que conquistó y convirtió en la ciudad santa. Unificó el reino, trajo el arca del pacto, y soñó con construir un templo.

Aunque cometió errores –como su pecado con Betsabé–, su corazón siempre volvió a Dios. Fue llamado "el hombre conforme al corazón de Dios".

El Pastor de la Promesa. El Ungido en Secreto

En los campos de Belén, entre ovejas y colinas, vivía un joven de cabellos rojizos y ojos brillantes. Era el menor de ocho hermanos, casi invisible para su padre Isaí. Pero Dios no mira como el hombre mira. Mientras el profeta Samuel buscaba al nuevo rey de Israel, el Señor le dijo: "No mires su apariencia… porque yo he elegido a uno conforme a mi corazón".

Y así, en secreto, David fue ungido con aceite. El Espíritu del Señor vino sobre él con poder, aunque el trono aún pertenecía a otro.

El Matador de Gigantes

El destino de David cambió cuando visitó el campamento de Israel, donde un gigante filisteo llamado Goliat desafiaba al ejército del Dios viviente. Mientras los soldados temblaban, David se adelantó con una honda y cinco piedras.

"No vienes contra mí con espada ni lanza", gritó, "sino en el nombre del Señor de los ejércitos".

Una piedra bastó. El gigante cayó, y el nombre de David se hizo famoso en todo Israel.

El Favor y la Furia

David fue recibido en la corte del rey Saúl. Se convirtió en su músico, su guerrero, su yerno. Pero también en su amenaza. El pueblo cantaba: "Saúl mató a mil, y David a diez mil". Y el corazón del rey se llenó de celos.

Saúl intentó matarlo. David huyó, vivió como fugitivo, escondido en cuevas, rodeado de hombres endeudados y marginados. Aun así, nunca levantó la mano contra el ungido del Señor. Dos veces pudo matarlo, y no lo hizo.

El Rey de Hebrón y Jerusalén

Tras la muerte de Saúl, David fue proclamado rey en Hebrón. Siete años después, unificó las tribus y conquistó Jerusalén, que se convirtió en la ciudad de David. Llevó el arca del pacto con danzas y cánticos, y planeó construir un templo para Dios. Pero el Señor le dijo: "No tú, sino tu hijo lo edificará. Pero tu casa y tu reino serán firmes para siempre".

El Hombre y sus Sombras

David fue un rey justo, pero también un hombre con sombras. Se enamoró de Betsabé, la esposa de Urías, y la tomó para sí. Para encubrir su pecado, mandó a Urías al frente de batalla. El profeta Natán lo confrontó con una parábola, y David, quebrantado, clamó: "Contra ti he pecado, Señor".

Dios lo perdonó, pero las consecuencias no se hicieron esperar. Su casa se llenó de conflictos: su hijo Amnón violó a su hermana Tamar; Absalón, otro hijo, mató a Amnón y luego se rebeló contra su padre. David huyó de Jerusalén, llorando: "¡Hijo mío, Absalón! ¡Quién me diera haber muerto yo en tu lugar!"

El Canto del Anciano Rey

En su vejez, David fue un rey cansado, pero aún lleno de fe. Preparó todo para el templo que su hijo Salomón construiría. Escribió salmos, oraciones que aún hoy resuenan en los corazones:

"El Señor es mi pastor, nada me faltará…".

"Crea en mí, oh Dios, un corazón limpio…".

Murió en paz, sabiendo que su linaje no terminaría con él. Porque de su descendencia, siglos después, nacería otro Rey, uno eterno, llamado Hijo de David.

El Corazón del Rey

David fue pastor, guerrero, poeta, pecador y santo. No fue perfecto, pero fue sincero. Su vida fue una sinfonía de gloria y quebranto, de poder y arrepentimiento. Y por eso, Dios lo llamó "un hombre conforme a mi corazón".

Salomón: Sabiduría y Ruina. El Hijo de la Promesa

Cuando el rey David envejecía, su casa estaba dividida. Hijos ambiciosos se disputaban el trono, pero el profeta Natán y la reina Betsabé recordaron la promesa: Salomón sería el sucesor.

Así, en medio de intrigas y tensiones, Salomón fue ungido rey. Era joven, inexperto, pero su corazón estaba dispuesto. Una noche, Dios se le apareció en sueños y le dijo: "Pide lo que quieras que te dé".

Salomón no pidió riquezas ni venganza, sino sabiduría para gobernar con justicia. Y Dios, complacido, le dio no solo sabiduría, sino también gloria, paz y prosperidad como ningún rey antes ni después.

El Juicio del Rey

La fama de Salomón creció rápidamente. Su sabiduría se hizo legendaria. Un día, dos mujeres llegaron ante él, disputándose un niño. Ambas decían ser la madre. Salomón pidió una espada y dijo: "Partid al niño en dos".

Una de ellas gritó: "¡No lo mates! ¡Dáselo a ella!". Entonces el rey supo quién era la verdadera madre. Y todo Israel temió al rey, porque vieron que la sabiduría de Dios estaba en él.

El Templo del Señor

Salomón emprendió la obra más sagrada de su reinado: la construcción del Templo de Jerusalén, el sueño que su padre David no pudo realizar. Durante siete años, miles de obreros trabajaron en silencio reverente. Cedros del Líbano, oro puro, piedras talladas con precisión divina.

Cuando el templo fue terminado, Salomón lo dedicó con una oración que estremeció los cielos:

"¿Morará Dios verdaderamente sobre la tierra? He aquí, los cielos no pueden contenerte, ¡cuánto menos esta casa que he edificado!"

Y la gloria del Señor llenó el templo como una nube.

El Reino de Oro

Bajo Salomón, Israel vivió su edad de oro. La paz reinaba, las caravanas llegaban de tierras lejanas, y la sabiduría del rey atraía a sabios y reyes. La reina de Sabá vino desde el sur para probarlo con enigmas, y quedó maravillada:

"Ni la mitad me fue dicha. Tu sabiduría y prosperidad superan toda fama".

Salomón escribió proverbios, cánticos, y reflexiones sobre la vida. Su voz resonaba como la de un sabio que conocía los secretos del alma humana.

El Corazón Dividido

Pero con el tiempo, el corazón de Salomón se desvió. Tomó muchas esposas extranjeras, y con ellas vinieron dioses ajenos. Construyó altares para Astarté, Moloc y otros ídolos. El rey sabio se volvió necio.

Dios se le apareció una segunda vez, advirtiéndole. Pero Salomón no se apartó. Y así, el Señor le dijo: "Después de ti, tu reino será dividido".

El Ocaso del Sabio

Salomón murió tras cuarenta años de reinado. Fue sepultado en la ciudad de David, y su hijo Roboam heredó el trono. Pero el reino no sería el mismo. La división, la idolatría y la decadencia se avecinaban.

Y, sin embargo, su legado perduró. Sus proverbios, sus cánticos, su templo, y su historia quedaron grabados en la memoria de Israel.

El Eco de la Sabiduría

Salomón fue el rey más sabio, pero también el más trágico. Su vida fue una parábola viviente: el ascenso de la sabiduría, el esplendor de la gloria, y la caída del corazón dividido.

Y aún hoy, su voz susurra en los libros antiguos:

"Vanidad de vanidades, todo es vanidad…

El fin de todo discurso oído es este: Teme a Dios y guarda sus mandamientos, porque esto es el todo del hombre".

El Reino Dividido

A la muerte de Salomón, su hijo Roboam heredó el trono. Pero su dureza provocó una rebelión. Diez tribus se separaron y formaron el Reino del Norte (Israel) bajo Jeroboam, mientras que Judá y Benjamín permanecieron fieles a la casa de David en el Reino del Sur (Judá).

Israel tuvo reyes poderosos, pero también idólatras. Entre ellos, Acab y su esposa Jezabel llevaron al pueblo a adorar a Baal. Pero Dios levantó profetas como Elías y Eliseo, que desafiaron a los reyes y recordaron al pueblo su pacto.

Judá tuvo reyes justos como Ezequías y Josías, pero también muchos que se apartaron del camino.

La Caída de los Reinos

En el año 722 a.C., el Reino del Norte fue conquistado por Asiria. Sus tribus fueron dispersadas, y nunca volvieron a reunirse.

En el 586 a.C., Judá cayó ante Babilonia. Jerusalén fue destruida, el templo quemado, y el pueblo llevado al exilio.

Pero incluso en la oscuridad, los profetas hablaban de un rey venidero, un descendiente de David, que restauraría el trono y traería justicia eterna.

El Rey Prometido

La historia de los reyes de Israel no terminó con la destrucción. En cada generación, el pueblo esperó al Mesías, el Ungido, que reinaría no solo sobre Israel, sino sobre todas las naciones.

Y así, entre ruinas y esperanza, la corona de Israel quedó suspendida en el tiempo, esperando al Rey que no tendría fin.

Las Invasiones y la Diáspora

La historia de Judea estuvo marcada por constantes invasiones. Tras la época de los jueces y los reyes (Saúl, David y Salomón), el reino se dividió en dos: Israel al norte y Judá al sur. Israel fue conquistado por los asirios en el 722 a.C., y Judá cayó ante Babilonia en el 586 a.C. El exilio babilónico fue un tiempo de reflexión y transformación. A su regreso, los judíos reconstruyeron su templo y su identidad. Sin embargo, nuevas potencias como Persia, Grecia y Roma dominaron la región. La destrucción del Segundo Templo por los romanos marcó el inicio de la diáspora judía.

Ester y la Salvación en el Exilio. La Reina del Silencio y el Valor

La Huérfana de Susa

En la ciudadela de Susa, capital del vasto imperio persa, vivía una joven huérfana llamada Hadassá, aunque todos la conocían como Ester. Era hermosa, de rostro sereno y ojos que hablaban sin palabras. Había sido criada por su primo Mardoqueo, un judío justo que servía en la corte del rey.

Eran tiempos inciertos. Aunque el pueblo judío vivía en paz bajo el dominio persa, su destino pendía de un hilo invisible.

El Trono Vacío

El rey Asuero (Jerjes I) gobernaba con esplendor y orgullo. En un banquete de excesos, mandó llamar a la reina Vasti para exhibir su belleza ante los nobles. Ella se negó. Humillado, el rey la destituyó. Y así, el trono quedó vacío.

Se convocó un concurso de belleza en todo el imperio. Jóvenes vírgenes fueron llevadas al palacio, preparadas durante meses con perfumes y ungüentos. Entre ellas, estaba Ester. No reveló su origen judío, por consejo de Mardoqueo.

Cuando llegó su turno, el rey quedó cautivado. Ester fue coronada reina de Persia.

El Plan del Enemigo

En la sombra, un hombre ambicioso tramaba el mal: Amán, el segundo en poder del reino. Herido en su orgullo porque Mardoqueo no se inclinaba ante él, Amán ideó un plan para exterminar a todos los judíos del imperio.

Con astucia, convenció al rey de firmar un decreto de muerte. En el día señalado, hombres armados podrían matar a los judíos y quedarse con sus bienes. El edicto fue sellado con el anillo real y enviado a todas las provincias.

Mardoqueo rasgó sus vestiduras y envió un mensaje a Ester: "¿Quién sabe si para esta hora has llegado al reino?"

El Valor de una Reina

Ester tembló. Nadie podía presentarse ante el rey sin ser llamado, bajo pena de muerte. Pero tras ayunar tres días, se vistió con sus ropas reales y entró al trono. El rey la miró… y extendió su cetro.

Con sabiduría, Ester no reveló su petición de inmediato. Invitó al rey y a Amán a un banquete. Luego, a otro. En el segundo, cuando el vino fluía y el momento era perfecto, Ester habló:

"Si he hallado gracia ante ti, oh rey, te ruego por mi vida… y por la de mi pueblo, que ha sido vendido para destrucción".

El rey, sorprendido, preguntó: "¿Quién es ese hombre?"

Ester señaló a Amán: "Este enemigo y adversario es el malvado Amán."

La Gran Reversión

El rey se levantó furioso. Amán cayó a los pies de Ester, suplicando. Pero fue condenado a morir en la misma horca que había preparado para Mardoqueo.

El edicto no podía ser revocado, pero se emitió uno nuevo: los judíos podían defenderse. En el día señalado, se levantaron y vencieron a sus enemigos.

Mardoqueo fue exaltado, y Ester, la reina silenciosa, se convirtió en salvadora de su pueblo.

El Recuerdo de Purim

Desde entonces, los judíos celebran la fiesta de Purim, recordando cómo el destino fue revertido, cómo el silencio se convirtió en voz, y cómo una mujer, en medio del poder y el peligro, se atrevió a hablar.

"Y así, en los días de Ester, la huérfana se convirtió en reina, y la reina, en heroína."

Rut, la Lealtad y el Legado

Rut, una moabita, eligió seguir a su suegra Noemí y adoptar el pueblo y el Dios de Israel. Su historia es un canto a la lealtad y la inclusión. Rut se casó con Booz y fue bisabuela del rey David, lo que la convierte en un eslabón esencial en la genealogía mesiánica. Su historia demuestra que la fe y la bondad trascienden el origen étnico.

Judea y el Pueblo Judío: Resistencia y Renacimiento

La Dominación Romana y la Gran Revuelta Judía: Resistencia y Continuidad

Durante el siglo I a. C., Judea cayó bajo el dominio del Imperio Romano, marcando el inicio de una era de tensiones políticas, religiosas y sociales. Aunque Roma permitió cierta autonomía religiosa, su control político y económico generó un profundo resentimiento entre los judíos, quienes veían en la ocupación una amenaza directa a su identidad nacional y espiritual.

Esta tensión acumulada desembocó en el año 66 d. C. con el estallido de la Gran Revuelta Judía, una insurrección masiva que reflejaba tanto el deseo de libertad como la profunda conexión del pueblo judío con su tierra ancestral. En un inicio, los rebeldes lograron expulsar a las fuerzas romanas de Jerusalén, proclamando un breve período de autogobierno. Sin embargo, la respuesta romana fue implacable: en el año 70 d. C., el general Tito sitió Jerusalén, destruyó el Segundo Templo –el centro espiritual del judaísmo– y masacró a miles de sus habitantes.

La destrucción del Templo fue una catástrofe nacional, pero no significó el fin de la presencia judía en Judea. Aunque muchos fueron asesinados o esclavizados, y otros forzados al exilio, una parte significativa de la población judía permaneció en la región, especialmente en áreas rurales y en comunidades dispersas por Galilea, Judea y otras zonas del Levante. Esta continuidad es clave para entender que, a pesar de la diáspora, el vínculo físico y espiritual con la tierra nunca se rompió del todo.

Lejos de desaparecer, la vida judía se transformó. Surgieron centros de estudio como Yavne, donde los sabios comenzaron a reconstruir la práctica religiosa sin el Templo, dando origen al judaísmo rabínico. Esta resiliencia cultural y espiritual permitió que, incluso bajo dominación extranjera, la identidad judía se mantuviera viva en la tierra de Israel.

A lo largo de los siglos siguientes, a pesar de nuevas revueltas, persecuciones y cambios de poder –bizantinos, árabes, cruzados, otomanos–, siempre existieron comunidades judías en la región, testimonio de una presencia ininterrumpida que desafió el exilio y la adversidad.

La dominación romana marcó un punto de inflexión en la historia del pueblo judío. A partir del siglo I d.C., Judea se convirtió en escenario de tensiones crecientes entre la identidad nacional judía y el poder imperial romano. Estas tensiones desembocaron en revueltas, destrucción, exilio y transformación religiosa, pero también en una notable resiliencia cultural.

Desarrollando un poco más lo anteriormente explicado históricamente podemos ampliar hechos que aunque hayan ya sido nombrados debo remarcarlos como hitos muy esenciales de esta historia.

Revueltas Judías: La Gran Revuelta y la de Bar Kojbá

La Gran Revuelta (66–73 d.C.) fue una insurrección masiva contra el dominio romano, motivada por abusos fiscales, tensiones religiosas y el deseo de independencia. Según Flavio Josefo, testigo y cronista del conflicto, la revuelta culminó con la destrucción del Segundo Templo en el año 70 d.C. y la masacre de miles de judíos en Jerusalén.

La revuelta de Bar Kojbá (132–135 d.C.), liderada por Simón bar Kojbá, fue aún más devastadora. Provocada por la prohibición del Brit Milá y la fundación de la ciudad pagana Aelia Capitolina sobre Jerusalén, esta rebelión fue aplastada por el emperador Adriano. Dión Casio relata que más de 580,000 judíos murieron y casi mil aldeas fueron arrasadas.

Ambas revueltas, documentadas también por Tácito, marcaron el fin de la soberanía judía en Judea y el inicio de una diáspora prolongada.

Vida Judía Post-Templo: El Judaísmo Rabínico en Yavne.

Tras la destrucción del Templo, el rabino Yojanán ben Zakai logró escapar de Jerusalén y obtuvo permiso del general romano Vespasiano para fundar una academia en Yavne. Allí se estableció el nuevo centro espiritual del judaísmo, basado en la Torá oral, la halajá y el estudio comunitario.

Este cambio marcó el nacimiento del judaísmo rabínico, que reemplazó el culto sacrificial del Templo por la oración, el estudio y la observancia de la ley. La Mishná, compilada en los siglos siguientes, fue una de las grandes herencias de esta transformación.

Arqueología del Período: Sinagogas en Masada y Gamla.

La arqueología ha revelado sinagogas del período romano que muestran cómo la vida religiosa judía continuó incluso en tiempos de guerra:

Masada, la fortaleza donde los zelotes resistieron hasta el suicidio colectivo en 73 d.C., contiene una de las sinagogas más antiguas conocidas, con bancos de piedra y una habitación para almacenar rollos de la Torá.

Gamla, en los Altos del Golán, fue otro bastión rebelde. Su sinagoga, excavada en los años 70, muestra una estructura rectangular con columnas y bancos, lo que indica una comunidad organizada y devota.

Estos sitios reflejan la continuidad del culto y la identidad judía incluso en medio del conflicto.

Migraciones Tempranas: judíos en Alejandría y Roma.

Ya en el siglo I a.C., existían comunidades judías florecientes fuera de Judea:

En Alejandría, según Filón, los judíos constituían una parte significativa de la población y contaban con una sinagoga monumental. Filón describe una comunidad culta, integrada en la vida cívica, pero también víctima de persecuciones, como las ocurridas bajo Calígula.

En Roma, Flavio Josefo menciona la presencia de judíos desde tiempos de Pompeyo. Muchos eran libertos o comerciantes, y mantenían sus prácticas religiosas, incluyendo el Shabat y la lectura de la Torá.

Estas comunidades fueron el germen de la diáspora judía que se expandiría por todo el Imperio.

Legado Lingüístico: hebreo y Arameo en Inscripciones Funerarias.

A pesar de la dispersión, el hebreo y el arameo siguieron siendo lenguas vivas en contextos religiosos y funerarios. Inscripciones halladas en catacumbas judías de Roma, Beit She'arim y otras localidades muestran:

Fórmulas en hebreo como "Shalom" o "Aquí reposa".

Nombres hebreos y arameos junto a inscripciones en griego o latín.

Referencias a la resurrección y al Mesías, lo que indica una continuidad doctrinal.

Estas inscripciones son testimonio de una identidad lingüística y espiritual que resistió la asimilación cultural.

LA DIÁSPORA Y LA PRESENCIA JUDÍA CONTINUA

La rebelión de Bar Kojbá y la expulsión romana

A pesar de la devastación causada por la Gran Revuelta del año 70 d. C., el espíritu de resistencia del pueblo judío no se extinguió. Apenas seis décadas después, en el año 132 d. C., estalló una nueva insurrección bajo el liderazgo de Simón Bar Kojbá, quien fue considerado por muchos como el Mesías esperado. Esta rebelión, conocida como la Rebelión de Bar Kojbá, fue aún más ambiciosa y sangrienta que la anterior. Durante un breve período, los rebeldes lograron establecer un gobierno independiente y acuñar moneda propia, símbolo de soberanía nacional.

Sin embargo, la respuesta del Imperio Romano fue devastadora. El emperador Adriano movilizó un enorme ejército y, tras una guerra brutal, aplastó la revuelta en el año 135 d. C. Como castigo, Roma impuso medidas extremadamente severas: prohibió la práctica del judaísmo, destruyó centros religiosos y culturales, renombró la provincia de Judea como "Siria Palestina" en un intento deliberado de borrar la identidad judía del territorio, y expulsó a muchos judíos de Jerusalén, prohibiéndoles incluso acercarse a la ciudad.

No obstante, la expulsión no fue total ni definitiva. Aunque Jerusalén fue romanizada y rebautizada como Aelia Capitolina, y muchos judíos fueron asesinados o vendidos como esclavos, numerosas comunidades judías sobrevivieron en otras partes de la región, especialmente en Galilea, donde florecieron centros de estudio y vida religiosa. Allí se desarrollaron importantes instituciones rabínicas que serían fundamentales para la redacción del Talmud de Jerusalén, siglos más tarde.

Además, la conexión espiritual con la tierra nunca se rompió. A lo largo de los siglos, incluso en los momentos más oscuros de la diáspora, los judíos mantuvieron la esperanza del retorno, expresada en sus oraciones, rituales y textos sagrados. La frase "el próximo año en Jerusalén" se convirtió en un símbolo de esa continuidad y anhelo.

A pesar de los repetidos intentos imperiales de erradicar su presencia, los judíos nunca desaparecieron completamente de la tierra de Israel. Su presencia, aunque minoritaria y a menudo marginada, persistió a lo largo de los siglos, resistiendo invasiones, persecuciones y cambios de poder. Esta resiliencia histórica es testimonio de una identidad profundamente arraigada en la tierra, que ni la espada ni el exilio lograron borrar del todo.

Comunidades Judías en Judea durante el Imperio Bizantino
Resiliencia y continuidad en tiempos de marginación

A pesar de las expulsiones, las persecuciones y los intentos imperiales de borrar su identidad, las comunidades judías continuaron existiendo en Judea durante el período bizantino, que abarca aproximadamente desde el siglo IV hasta el siglo VII d. C. Este período, marcado por la consolidación del cristianismo como religión oficial del Imperio Romano de Oriente, trajo consigo nuevas restricciones para los judíos. Se les prohibió ocupar cargos públicos, construir nuevas sinagogas y, en muchos casos, practicar abiertamente su fe.

Sin embargo, la presencia judía en la región no desapareció. Aunque marginadas y a menudo perseguidas, las comunidades judías mantuvieron vivas sus tradiciones religiosas, sociales y culturales. En ciudades como Tiberíades, Séforis y Lod, así como en aldeas rurales de Galilea y Judea, los judíos continuaron celebrando el Shabat, las festividades, y preservando la ley mosaica.

Durante este tiempo, se construyeron y mantuvieron sinagogas que no solo servían como lugares de culto, sino también como centros comunitarios y educativos. Los restos arqueológicos de sinagogas bizantinas, decoradas con mosaicos y símbolos judíos como la menorá, el shofar y el arca de la Torá, son testimonio tangible de esta continuidad.

Además, este período fue crucial para el desarrollo del judaísmo rabínico. En la región de Galilea, se compiló la Mishná (siglo III) y posteriormente el Talmud de Jerusalén (siglo IV-V), obras fundamentales que reflejan una vida intelectual y espiritual activa. Estos textos no solo preservaron la ley oral, sino que también consolidaron una identidad judía capaz de resistir la pérdida del Templo y la soberanía política.

A pesar de las presiones externas, los judíos nunca abandonaron del todo su tierra ancestral. Su presencia, aunque reducida y a menudo silenciada, persistió como una llama encendida en medio de la adversidad. Esta continuidad demuestra que, incluso en los momentos más difíciles, la conexión entre el pueblo judío y la tierra de Israel se mantuvo viva, tanto en la práctica cotidiana como en la memoria colectiva.

El Período Islámico y las Cruzadas

Persistencia judía entre conquistas y reconquistas

Con la conquista islámica en el siglo VII, Judea pasó a formar parte del Califato Omeya y, posteriormente, del Califato Abasí. Este cambio de poder trajo consigo una nueva estructura política y religiosa, pero no significó la desaparición de la presencia judía en la región. De hecho, bajo dominio musulmán, los judíos experimentaron períodos de relativa tolerancia, especialmente en comparación con la represión sufrida bajo el Imperio Bizantino cristiano.

Durante los primeros siglos del dominio islámico, Jerusalén volvió a albergar una pequeña pero significativa comunidad judía, que se reorganizó en torno a sus tradiciones religiosas y sociales. Aunque los judíos eran considerados dhimmíes (no musulmanes protegidos), lo que implicaba ciertas restricciones legales y fiscales, se les permitió practicar su religión, mantener sus instituciones comunitarias y participar en la vida económica local.

En ciudades como Tiberíades, Ramla, Hebrón y Jerusalén, los judíos continuaron viviendo, estudiando y comerciando. La región de Galilea, en particular, siguió siendo un centro de vida judía activa. Crónicas y documentos de la época mencionan la existencia de sinagogas, academias rabínicas y comunidades organizadas, lo que demuestra una presencia continua y resiliente.

Sin embargo, esta relativa estabilidad se vio interrumpida con la llegada de las Cruzadas (siglos XI al XIII). Durante la Primera Cruzada, en 1099, los cruzados europeos tomaron Jerusalén y perpetraron masacres indiscriminadas contra musulmanes y judíos por igual. La comunidad judía de Jerusalén fue prácticamente aniquilada, y muchas otras en la región sufrieron persecuciones similares.

A pesar de esta brutalidad, la presencia judía no fue erradicada por completo. Tras la reconquista musulmana de Jerusalén por Saladino en 1187, algunas comunidades judías lograron restablecerse, especialmente en Jerusalén, Hebrón, Tiberíades y Safed. Estas ciudades se convirtieron en refugios para judíos que regresaban del exilio o que habían sobrevivido a las campañas cruzadas.

Este patrón de destrucción y reconstrucción, de exilio y retorno, refleja una constante histórica: los judíos nunca abandonaron del todo la tierra de Israel. Incluso en los momentos más oscuros, su presencia persistió, a veces en la sombra, a veces con renovado vigor, pero siempre con una profunda conexión espiritual y cultural con la tierra.

En resumen, en este período los judíos pasaron por una forma de ser diferente a la anterior.

Estatus de dhimmi y contribuciones culturales.

Bajo el dominio islámico, los judíos fueron considerados dhimmíes, es decir, "protegidos" no musulmanes. Este estatus les permitía practicar su religión a cambio del pago de un impuesto (jizya) y la aceptación de ciertas restricciones sociales. Aunque subordinados, los judíos vivieron períodos de relativa estabilidad y florecimiento cultural, especialmente en el mundo islámico medieval.

Un ejemplo destacado es Maimónides (1135–1204), médico, filósofo y líder rabínico que vivió en Córdoba, Fez y El Cairo. En Egipto, fue médico de la corte del sultán Saladino y escribió obras fundamentales como la Guía de los Perplejos y el Mishné Torá, que influyeron tanto en el pensamiento judío como en la filosofía islámica y cristiana.

Documentos de la Geniza: El Cairo medieval

La Genizá de El Cairo, descubierta en la sinagoga Ben Ezra, contiene más de 300,000 documentos que abarcan desde el siglo IX al XIX. Estos textos revelan aspectos cotidianos de la vida judía medieval: contratos de matrimonio, cartas comerciales, responsas rabínicas y poesía litúrgica.

Gracias a estos documentos, sabemos que los judíos de Egipto, el Magreb y el Levante mantenían redes comerciales, hablaban múltiples lenguas (árabe, hebreo, judeo-árabe) y vivían integrados en sociedades islámicas, aunque con una identidad religiosa bien definida.

Durante la Primera Cruzada, los cruzados tomaron Jerusalén en julio de 1099. Según las crónicas musulmanas, como las de Ibn al-Qalanisi, los cruzados perpetraron una masacre indiscriminada contra musulmanes y judíos. La comunidad judía de Jerusalén fue quemada viva dentro de su sinagoga, y la ciudad quedó prácticamente despoblada de judíos durante décadas.

Este evento marcó un punto de ruptura en la convivencia interreligiosa en Tierra Santa y dejó una huella profunda en la memoria colectiva judía.

Durante la Edad Media, los centros de estudio rabínico se desplazaron hacia el este:

Tiberíades, en Galilea, fue un centro de estudio de la Torá y la lengua hebrea. Allí se desarrolló el sistema de vocalización masorético que aún se usa en los textos bíblicos.

Sura, en Babilonia (actual Irak), albergó una de las academias talmúdicas más importantes. Junto con Pumbedita, fue responsable de la redacción del Talmud de Babilonia, una de las obras centrales del judaísmo rabínico.

Mística Judía: El Zohar y la Cábala en Safed

En el siglo XVI, la ciudad de Safed, en Galilea, se convirtió en el centro de la mística judía. Allí floreció la Cábala, especialmente con figuras como:

Rabí Isaac Luria (el Arizal), quien desarrolló una teología mística sobre la creación, el exilio divino y la redención.

El Zohar, atribuido a Shimon bar Yojai pero redactado en la Edad Media, fue estudiado intensamente en Safed y se convirtió en el texto central de la Cábala.

Safed también fue un centro de poesía litúrgica y halajá, y atrajo a judíos de todo el mundo.

El Renacimiento del Sionismo y el Retorno a Judea.

Las migraciones judías en los siglos XVIII y XIX: continuidad, fe y reconstrucción.

A partir del siglo XVIII, comenzaron a surgir movimientos de retorno a la Tierra de Israel, impulsados tanto por motivos religiosos como por las persecuciones y restricciones que sufrían los judíos en Europa y otras partes del mundo. Este fenómeno no fue una novedad absoluta, sino más bien una nueva etapa en una larga historia de conexión ininterrumpida con la tierra ancestral.

Durante este período, grupos de judíos sefardíes y asquenazíes comenzaron a emigrar hacia las cuatro ciudades sagradas del judaísmo: Jerusalén, Hebrón, Safed y Tiberíades. Estas migraciones, conocidas como Aliyot (ascensos), no solo tenían un carácter espiritual, sino también comunitario y cultural. Los recién llegados se unieron a las comunidades judías que nunca habían desaparecido completamente, reforzando una presencia que, aunque minoritaria, había persistido a lo largo de los siglos bajo distintos imperios: romano, bizantino, islámico, cruzado y otomano.

Estas comunidades mantuvieron vivas las prácticas religiosas, el estudio de la Torá, la vida sinagogal y la esperanza mesiánica del retorno. En este contexto, el retorno físico a la tierra no era una ruptura con el pasado, sino una continuación natural de una historia milenaria.

En el siglo XIX, el movimiento sionista comenzó a tomar forma como una respuesta política, cultural y nacional al antisemitismo europeo y a la creciente necesidad de un hogar seguro para el pueblo judío. Intelectuales como Moisés Hess, León Pinsker y Theodor Herzl articularon la idea de un Estado judío moderno en la tierra ancestral, no solo como refugio, sino como una expresión legítima de autodeterminación nacional.

Las primeras olas de inmigración sionista, conocidas como Aliyá, trajeron miles de judíos a Palestina, entonces bajo dominio otomano. Estos pioneros no llegaron a un desierto vacío, sino a una tierra donde existían comunidades judías activas, con sinagogas, escuelas y vínculos históricos profundos. Los nuevos inmigrantes comenzaron a establecer colonias agrícolas, escuelas hebreas, imprentas y estructuras comunitarias modernas, sentando las bases del renacimiento nacional judío.

Este proceso no fue una creación ex nihilo, sino una reconstrucción sobre cimientos antiguos. La continuidad de la presencia judía en la tierra de Israel, incluso en los momentos más difíciles, fue el hilo invisible que permitió que el sionismo moderno echara raíces con fuerza y legitimidad.

El Mandato Británico y la Lucha por la Independencia
De la continuidad histórica al renacimiento nacional

Tras la Primera Guerra Mundial, la Sociedad de Naciones otorgó a Gran Bretaña el Mandato sobre Palestina, formalizando un nuevo capítulo en la historia de una tierra que había sido hogar del pueblo judío durante milenios. La Declaración Balfour de 1917, en la que el gobierno británico expresó su apoyo a la creación de un "hogar nacional para el pueblo judío" en Palestina, fue recibida con entusiasmo por el movimiento sionista, pero también generó tensiones con la población árabe local.

Lo que a menudo se pasa por alto es que la comunidad judía en Palestina no era una creación reciente, sino la continuación de una presencia milenaria que nunca se extinguió del todo. A lo largo de los siglos, a pesar de exilios, persecuciones y cambios de poder, siempre existieron comunidades judías en ciudades como Jerusalén, Hebrón, Safed y Tiberíades. Durante el Mandato Británico, esta presencia se amplificó y se organizó con una visión moderna y nacional.

Durante las décadas de 1920 y 1930, la inmigración judía aumentó significativamente, especialmente tras el ascenso del nazismo en Europa. Estas olas migratorias, conocidas como

Aliyot, no solo trajeron personas, sino también ideas, conocimientos técnicos y una profunda motivación por reconstruir una sociedad judía en su tierra ancestral. Los recién llegados se unieron al Yishuv, la comunidad judía preexistente en Palestina, que ya había desarrollado instituciones autónomas, una economía floreciente, redes educativas en hebreo y fuerzas de defensa como la Haganá.

Este proceso no fue una colonización externa, sino una reconexión con una tierra que nunca fue olvidada. La continuidad se manifestaba no solo en la presencia física, sino también en la lengua hebrea revivida, en las prácticas religiosas mantenidas durante siglos, y en la memoria colectiva que siempre miró hacia Sion.

Tras el Holocausto, el clamor internacional por un Estado judío se intensificó. La tragedia de seis millones de judíos asesinados reforzó la urgencia de establecer un refugio seguro y soberano. En 1947, la ONU aprobó un plan de partición que proponía la creación de un Estado judío y otro árabe. Los judíos aceptaron el plan como una oportunidad histórica; los líderes árabes lo rechazaron, lo que desencadenó una guerra tras la declaración de independencia en 1948.

Pero incluso en ese momento de renacimiento nacional, no se trataba de un retorno desde el olvido, sino de la culminación de una continuidad histórica. El Estado de Israel no surgió en un vacío, sino sobre la base de una presencia judía ininterrumpida, que resistió el paso del tiempo, las conquistas y las adversidades.

La Fundación del Estado de Israel

Culminación de un arraigo milenario y reafirmación de la presencia judía en la tierra ancestral

El 14 de mayo de 1948, David Ben-Gurión proclamó la independencia del Estado de Israel, marcando un momento histórico sin precedentes: el renacimiento de un Estado judío soberano en la misma tierra donde había surgido hace más de tres mil años. Esta proclamación no fue un acto aislado ni una creación artificial, sino la culminación de siglos de arraigo, resistencia y esperanza mantenida viva por generaciones de judíos en la diáspora y en la propia tierra de Israel.

Al día siguiente, varios países árabes invadieron el nuevo Estado, dando inicio a la Guerra de Independencia. A pesar de la desventaja militar y de los desafíos existenciales, Israel logró sobrevivir, defenderse y consolidarse, demostrando no solo su capacidad de resistencia, sino también la profunda determinación de un pueblo que nunca se desvinculó de su tierra.

Desde entonces, Israel ha absorbido a millones de judíos de todo el mundo, incluyendo sobrevivientes del Holocausto, judíos expulsados o perseguidos en países árabes, comunidades de la antigua URSS, y judíos etíopes que mantenían vivas sus tradiciones ancestrales. Este retorno masivo no fue una simple migración, sino una reunificación histórica de un pueblo disperso que volvía a su hogar ancestral.

En este contexto, Judea –especialmente las regiones de Jerusalén y Hebrón– volvió a tener una presencia judía significativa, reafirmando una conexión que nunca se había roto del todo. Jerusalén, ciudad sagrada para el judaísmo desde tiempos bíblicos, y Hebrón, donde se encuentra la Tumba de los Patriarcas, son símbolos vivos del vínculo espiritual, histórico y físico entre el pueblo judío y su tierra.

Arqueología Sionista: Excavaciones en Masada

En los años 60, el arqueólogo Yigael Yadin dirigió excavaciones en Masada, la fortaleza donde los últimos rebeldes judíos resistieron a Roma. Los hallazgos —incluyendo armas, rollos bíblicos y restos humanos— convirtieron a Masada en un símbolo del heroísmo judío.

El lema "Masada no caerá otra vez" se convirtió en parte del ethos nacional israelí, especialmente en el ejército.

Según estimaciones recientes del CIA World Factbook y otras fuentes, más de 500,000 judíos viven actualmente en Judea y Samaria (Cisjordania), en asentamientos como Maalé Adumim, Ariel y Hebrón. Esta presencia es motivo de debate internacional, pero para muchos judíos representa un retorno a su tierra ancestral.

La fundación del Estado de Israel no fue el inicio de una nueva historia, sino la reactivación de una continuidad interrumpida pero nunca extinguida. Las piedras de Jerusalén, los campos de Galilea y las colinas de Judea fueron testigos silenciosos de siglos de oración, anhelo y presencia judía. El Estado moderno se construyó sobre esos cimientos, con una identidad que combina la memoria ancestral con la vitalidad contemporánea.

CONCLUSIÓN:
JUDEA COMO CORAZÓN
DEL PUEBLO JUDÍO

Resumen histórico: una continuidad inquebrantable

La historia de Judea y del pueblo judío es una narrativa única de resistencia, fe, arraigo y renacimiento. Desde los tiempos bíblicos, Judea no ha sido simplemente un territorio, sino el epicentro espiritual, político y cultural del judaísmo. Fue allí donde se establecieron los antiguos reinos de Israel y Judá, donde se construyeron el Primer y Segundo Templo, y donde floreció la vida religiosa y nacional del pueblo judío.

Con la dominación romana y las revueltas heroicas –como la Gran Revuelta y la rebelión de Bar Kojbá– comenzó una larga etapa de dispersión. Sin embargo, la diáspora no significó desconexión. A lo largo de los siglos, bajo imperios bizantino, islámico, cruzado, otomano y británico, la presencia judía en Judea nunca desapareció del todo. Comunidades, aunque a veces pequeñas y perseguidas, persistieron en Jerusalén, Hebrón,

Safed, Tiberíades y otras localidades, manteniendo viva la llama de la identidad judía.

Es importante en este capítulo remarcar los siguientes puntos dentro del marco histórico.

Resiliencia Histórica: 3,000 años de presencia judía

La historia del pueblo judío en Judea abarca más de tres milenios, desde los patriarcas bíblicos hasta el Estado moderno de Israel. A pesar de exilios, persecuciones y dominaciones extranjeras, los judíos mantuvieron una presencia constante en la región. Desde el Reino de Judá, pasando por el período del Segundo Templo, la era bizantina, islámica, otomana y el Mandato Británico, siempre hubo comunidades judías en ciudades como Jerusalén, Hebrón, Safed y Tiberíades.

Incluso durante la diáspora, la conexión espiritual con Judea se mantuvo viva a través de la liturgia, la literatura y el anhelo de retorno. Esta resiliencia histórica es única y constituye una de las continuidades culturales más prolongadas de la humanidad.

Derecho Internacional: Resoluciones de la ONU

Resolución 181 (1947): Propuesta por la Asamblea General de la ONU, recomendó la partición del Mandato Británico de Palestina en un Estado judío y otro árabe. Aunque fue rechazada por los países árabes, los líderes judíos la aceptaron como base para la creación del Estado de Israel.

Resolución 242 (1967): Emitida tras la Guerra de los Seis Días, instó al retiro de Israel de los territorios ocupados y al reconocimiento de todos los Estados en la región. Aunque ambigua en su redacción, se convirtió en la base de múltiples negociaciones de paz.

Estas resoluciones reflejan el reconocimiento internacional de la conexión histórica del pueblo judío con la tierra, aunque también evidencian los desafíos geopolíticos que persisten.

Identidad Colectiva: Encuestas del Pew Research Center.

Según estudios recientes del Pew Research Center, la identidad judía está profundamente ligada a Israel:

En Estados Unidos, el 76% de los judíos criados como tales siguen identificándose como judíos, aunque hay una creciente desafiliación religiosa.

En Israel, el 100% de los encuestados criados como judíos mantienen su identidad, aunque con variaciones en la observancia religiosa.

Estos datos muestran que, para muchos judíos, Israel –y por extensión Judea– sigue siendo un eje central de su identidad colectiva, incluso en contextos de secularización.

Desafíos Actuales: Narrativas contrapuestas.

El conflicto israelí-palestino está marcado por narrativas históricas opuestas:

Para muchos palestinos, Judea (Cisjordania) es parte de su tierra ancestral, ocupada desde 1967. La narrativa palestina enfatiza el derecho al retorno, la autodeterminación y la resistencia frente a la ocupación.

Para los israelíes, Judea es el corazón histórico del pueblo judío, con raíces bíblicas y arqueológicas. La narrativa israelí se centra en la seguridad, el derecho histórico y la continuidad cultural.

Estas narrativas, aunque divergentes, reflejan aspiraciones legítimas que deben ser reconocidas para avanzar hacia una solución justa y duradera.

Futuro: Reconciliación basada en herencia compartida

Organizaciones como Roots (Shorashim) y Parents Circle-Families Forum trabajan para construir puentes entre israelíes y palestinos. Roots, por ejemplo, reúne a colonos judíos y vecinos palestinos en Judea para fomentar el diálogo, el respeto mutuo y proyectos comunitarios conjuntos.

Estas iniciativas demuestran que, más allá del conflicto, existe un potencial de reconciliación basado en la herencia compartida, la humanidad común y el deseo de paz.

El renacimiento sionista en los siglos XIX y XX no fue un fenómeno aislado, sino la reconexión con una tierra que nunca dejó de ser el hogar espiritual del pueblo judío. La fundación del Estado de Israel en 1948 fue la culminación de esa continuidad histórica, no el inicio de una nueva historia, sino la restauración de una presencia milenaria.

La relevancia actual de la conexión judía con Judea

Hoy, Judea no es solo un lugar geográfico: es un símbolo de continuidad histórica, espiritual y nacional. La presencia judía en Jerusalén, Hebrón, Beit El, Shiló y otras ciudades de la región es testimonio vivo de una historia que sigue latiendo. Las piedras antiguas, los textos sagrados, las tradiciones transmitidas de generación en generación, y las comunidades que han regresado y florecido, confirman que el vínculo con esta tierra nunca fue interrumpido del todo.

En un mundo globalizado, donde las identidades tienden a diluirse, la conexión con Judea actúa como un ancla profunda. Es una raíz que nutre la cultura, la religión y el sentido de pertenencia del pueblo judío. Es el lugar donde la historia se encuentra con la esperanza, donde el pasado ilumina el presente y proyecta el futuro.

A pesar de los exilios, las guerras, las persecuciones y los desafíos contemporáneos, el vínculo entre el pueblo judío y Judea permanece inquebrantable. No es solo una cuestión de memoria, sino de presencia viva, de arraigo tangible y de identidad compartida. Judea sigue siendo, como lo ha sido durante milenios, el corazón palpitante del pueblo judío.